女神の条件

女優・小川知子の守護霊が語る

成功の秘密

大川隆法

Ryuho Okawa

本霊言は、2015年10月27日、幸福の科学総合本部にて、
公開収録された(写真上・下)。

まえがき

いよいよ、女優・小川知子さんの守護霊の登場である。

年代としては、私とそう大きくは変わらないのだが、実社会で才能を発揮して活躍されたのは、小川さんのほうがずっと早い。十二歳の頃の私に、「大奥」や「ゆうべの秘密」がわかるはずもなく、ずっと遠い世界の方だった。

まさかこの年齢になって、芸能界を論評《ろんぴょう》することになるとは思いもよらず、青年時代には、テレビも冷蔵庫も、扇風機《せんぷうき》（クーラーの間違いではない）もない、知的原始人が私であった。ほとんど本しか読んでなかったのである。

商社マン時代の末期に、二年間ほど、白の日産パルサーを（トヨタの本拠地で）持ったことはあるが、車体は茶色に変わり、木の葉が積もっていた。何が言いたいか、といえば、私の本の中に「女神の条件」と題して、女優・小川知子さんが出てくること自体、著者にとっても、めまいがするようなことなのだということだ。

まずは、ともかく、ご一読頂きたい。

二〇一五年　十一月十七日

幸福《こうふく》の科学《かがく》グループ創始者兼総裁《そうししゃけんそうさい》　大川隆法《おおかわりゅうほう》

女神《めがみ》の条件　女優・小川《おがわ》知子《ともこ》の
守護霊《しゅごれい》が語る成功の秘密　目次

The Requirements for a Goddess

女神《めがみ》の条件　女優・小川知子《おがわともこ》の守護霊《しゅごれい》が語る成功の秘密

二〇一五年十月二十七日　収録
東京都・幸福の科学総合本部にて

The Requirements for a Goddess

The Requirements for a Goddess

霊言《れいげん》とは？

「霊言《れいげん》」とは、あの世の霊を招き、その思いや言葉を語り下ろす神秘現象のことです。これは高度な悟《さと》りを開いている人にのみ可能なものであり、トランス状態になって意識を失い、霊が一方的にしゃべる「霊媒《れいばい》現象」とは異なります。

守護霊《しゅごれい》霊言とは？

また、人間の本質は「霊」(「心」「魂《たましい》」と言ってもよい) であり、原則として6人で1つの魂グループをつくっています。それを、幸福の科学では「魂のきょうだい」と呼んでいます。

魂のきょうだいは順番に地上に生まれ変わってきますが、そのとき、あの世に残っている魂のきょうだいの一人が「守護霊」を務めます。つまり、守護霊とは自分自身の魂の一部、いわゆる「潜在《せんざい》意識」と呼ばれている存在です。本人の地上での人生経験等の影響により、本人と守護霊の意見が異なるように見える場合もありますが、「守護霊の霊言」とは、本人の潜在意識にアクセスしたものであり、その人が潜在意識で考えている本心と考えることができます。

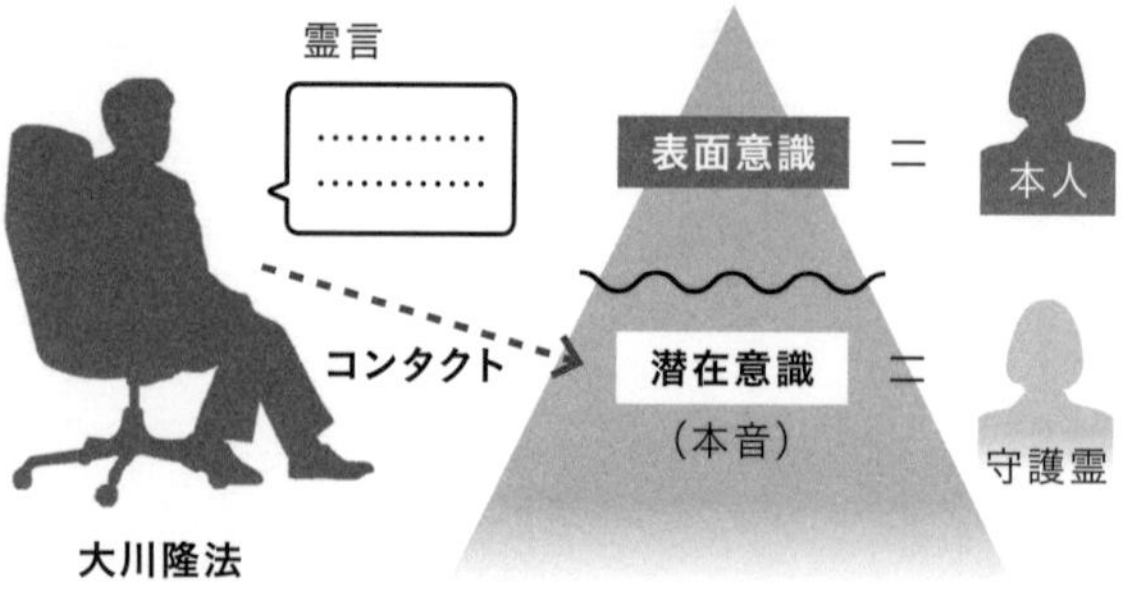

＊なお、「霊言」は、あくまでも霊人の意見であり、幸福の科学グループの見解と矛盾する内容を含む場合があります。

女《め》神《がみ》の条件

女優・小《お》川《がわ》知《とも》子《こ》の守《しゅ》護《ご》霊《れい》が語る成功の秘密

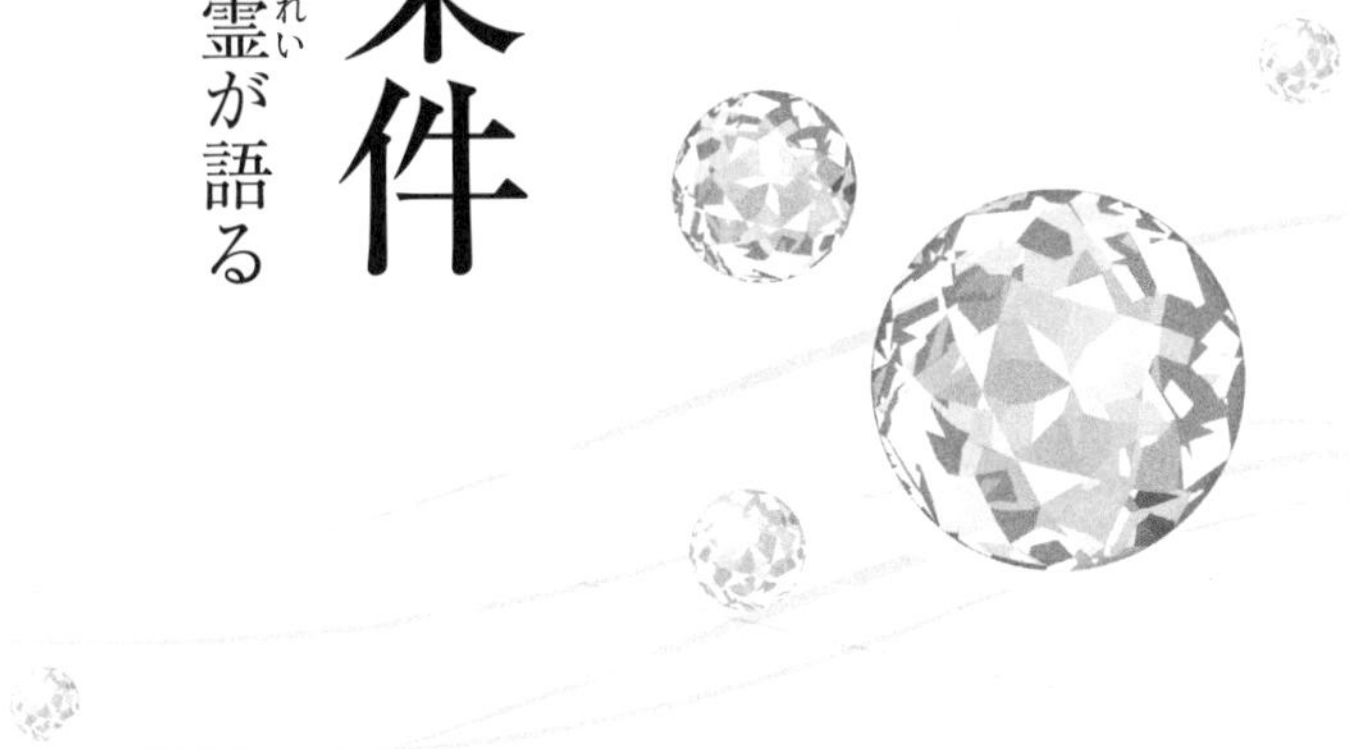

2015年10月27日　収録
東京都・幸福の科学総合本部にて

Profile

小川知子《おがわともこ》

(1949〜)

女優・歌手。広島県生まれ。11歳《さい》で子役デビュー。19歳のとき、「ゆうべの秘密」で歌手デビュー、ミリオンセラーとなる。シングル27枚、アルバム17枚をリリース。女優としても、映画「別れの詩《うた》」、ドラマ「金曜日の妻たちへ」ほか、100本余《あま》りの作品に出演。著書に『美しく燃えて』(学研《がっけん》)がある。また、91年、幸福の科学への誹謗中傷《ひぼうちゅうしょう》記事を掲載《けいさい》した「フライデー」誌に対して、作家の故・景山民夫《かげやまたみお》氏と共に「講談社フライデー全国被害者《ひがいしゃ》の会」を結成し、抗議《こうぎ》行動の先頭《せんとう》に立つ。

Interviewer

質問者

小田正鏡《おだしょうきょう》(幸福の科学専務理事〈メディア文化事業局担当 兼《けん》 HSU未来創造学部芸能・クリエーターコース担当〉 ニュースター・プロダクション株式会社代表取締役《とりしまりやく》)

船井久理子《ふないくりこ》(幸福の科学第一編集局長)

天雲菜穂《てんくもなお》(幸福の科学第三編集局長 兼「アー・ユー・ハッピー?」編集長)

＊質問順。役職は収録時点のもの

1　女優・小川《おがわ》知子《ともこ》の守護霊《しゅごれい》に「女神《めがみ》の条件」を訊《き》く

「公開霊言《れいげん》」収録六百回目の区切りとなる守護霊《しゅごれい》霊言

小田　実は、本収録は、「霊言《れいげん》収録六百回」となります。それを記念して、「女神《めがみ》の条件――女優・小川知子《おがわともこ》の守護霊《しゅごれい》が語る成功の秘密――」というタイトルで、お話を伺《うかが》いたいと思います。

どうぞ、よろしくお願いいたします。

大川隆法　はい。ほかの人の霊言をたくさん出しすぎて、小川さん（の守護霊霊言）が遅《おそ》くなったのですが、ちょうど六百回目の区切りということで、よろしいのではないかと思います。

（本を見せながら）ちなみに、まだ、みなさんは読んでいないのではないかと思いますが、最近、小田《おだ》正鏡《しょうきょう》著の『感動を与《あた》える演技論――心を揺《ゆ》さぶる感性の探究――』（ＨＳＵ出版会刊）という本が出ました。

これはとてもいい本で、ＨＳＵ（ハッピー・サイエンス・ユニバーシティ）のテキストとしては、これがいちばん読みやすいです。今出ているテキストは、どれも、みんなウンウン言って読んでいます。私以外の人も、ウンウン言っていますが、これは〝本〟として読めました（会場笑）。

小田正鏡著『感動を与える演技論―心を揺さぶる感性の探究―』（HSU出版会）。本文には、小川知子さんへのインタビューを掲載。

●ＨＳＵ（ハッピー・サイエンス・ユニバーシティ）　「現代の松下村塾」として2015年に開学の「日本発の本格私学」（創立者・大川隆法）。「幸福の探究と新文明の創造」を建学の精神とし、初年度は「人間幸福学部」「経営成功学部」「未来産業学部」の3学部からなる（4年課程）。2016年春には、新たに「未来創造学部」が開設予定。

小田　（笑）

大川隆法　（該当《がいとう》ページを見せながら）また、この本の最後には、小川知子さんがわざわざ出てきてくれています。「プロに学ぶ俳優の仕事」ということで、小川さんのインタビューが載《の》っているのです。

これは、表面意識のほうへのインタビューで、小田さんはかなり〝細《こま》かい質問〟をしているのですが、小川さんは、それに細かく答えてくれています。これはテキスト用に言ってくれているのでしょう。

小田　はい。本当にありがたかったです。

●表面意識　人間の魂は、原則として「本体が１人、分身が５人」の６人グループからなり、順番にこの世に生まれてくる。その際、あの世に残っている魂の１人が守護霊を務める。「表面意識」は地上で生活をしている者の魂の意識であり、頭脳が活動している状態のときに働いている。これに対し、守護霊を含めた、霊界に存在する残りの魂の意識等を「潜在意識」という。

大川隆法　（小田に）あなたも、よくここまで〝細かく〟訊《き》きますね（会場笑）。いやあ、驚《おどろ》きました。

小田　（苦笑）

大川隆法　まだ、こんなに細かく訊けるのですね。「もう少し〝大雑把《おおざっぱ》〟になっているのではないか」と思ったのですけれども。

小田　いえ、いえ。

大川隆法　このインタビューをされたあとに収録するので、守護霊は「差別化」しなければいけないのではないかと思います。表面意識はこのように答えていますが、守護霊はどう答えるか分かりません。

ちなみに、私の記憶《きおく》は〝曖昧模糊《あいまいもこ》〟としていて、まったく矛盾《むじゅん》したことを言う可能性もありますけれども、そのへんが面白《おもしろ》いところかもしれません。

武井咲《たけいえみ》守護霊が譲《ゆず》った「女神《めがみ》の条件」というタイトル

大川隆法　それから、（本を見せながら）以前、『時間よ、止まれ。――女優・武井咲《たけいえみ》とその時代――』（幸福の科学出版刊）という、武井咲さんの守護霊霊言も出しましたが、彼女の守護霊が最後のほうで、「（武井咲の守護霊霊言を）『女神《めがみ》の条件』というような題にしようかと言われたけれども、小川知子さんという方がいらっしゃるはずですから、その方のために取っておいてください。その題はご遠《えん》

『時間よ、止まれ。―女優・武井咲とその時代―』（幸福の科学出版）

慮《りょ》申し上げます」ということを言われていました。「武井咲さんの守護霊が小川さんに譲《ゆず》られたというのは、どういうことなのか」が、今日の収録で分かるかもしれません。

なお、『女神の条件――天照大神《あまてらすおおみかみ》のお導き――』（宗教法人幸福の科学刊）という本が会内経典《きょうてん》として出されていますが、もちろん、天照大神と〝張り合う〟と大変なことになるでしょう。

（本を見せながら）また、ご本人の著書で、『美しく燃えて』（学研《がっけん》刊）という本があります。これは、一九九二年の十月に学研から出ていますが、（本の見返し部分を見せながら）私が持っ

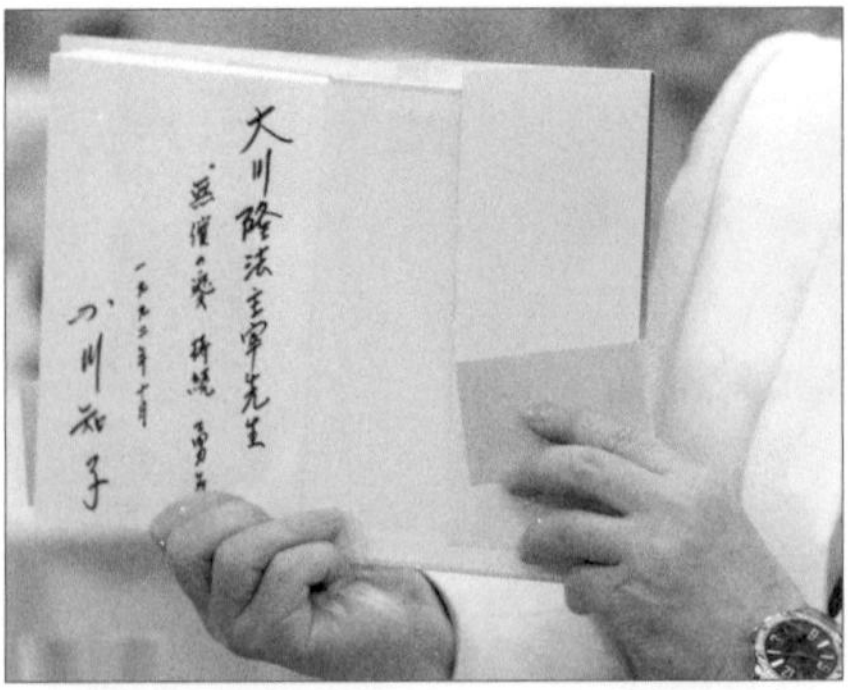

小川知子著『美しく燃えて』（学研）。本霊言収録時には大川隆法宛てメッセージの入った著者サイン本を紹介。

ているものは小川さん本人のサイン本で、私がまだ「主宰《しゅさい》」（現在は総裁）だったころのようです。ここには、「大川隆法主宰先生　無償《むしょう》の愛　持続　勇気　一九九二年十月　小川知子」と書いてあります。秘書がこれを見て、「先生！　これは直筆《じきひつ》サイン付きですよ。すごいですよ！」と言うので、「ああ、そうなんだ。すごいのか」と思いました。

私は、こういうことに感動するのが遅いらしく、何十年もたってから、「そういえば、これは直接頂いたのかな」と思い出したのです。

いずれにしても、この本はずいぶん内容のある本なので、勉強になるかと思います。

十代のころから女優として、歌手として活躍《かつやく》していた小川知子さん

大川隆法　今日、出かける際、次男（大川真輝《まさき》）に「小川知子さんって、ど

んなイメージ?」と訊いたら、「伝説の人っていう感じがする」と言うので、「そう感じるのか」と思いました。

確かに、真輝は一九九三年生まれであり、「フライデー事件」があったのは、一九九一年のころです。このころ、小川知子さんが幸福の科学の信者として活動していることが有名になったのですが、それは彼が生まれる前のことなので、そう感じるのでしょう。そのくらい時間はたったのかなと思います。

また、霊言として、若い女性の守護霊本も、ずいぶん出していますが、当会には五十歳《さい》以上

講談社フライデー事件
1991年、講談社が「週刊フライデー」誌上などで、捏造に基づく悪質な連続記事で幸福の科学への誹謗・中傷を続けたことに対し、9月、精神的苦痛や風評被害を受けた信者たちが抗議活動を開始。同月、被害者の会が結成され、会長に景山民夫さん、副会長に小川知子さんが就任。精神的公害訴訟や名誉毀損訴訟を提起し、全国各地でのデモや署名運動等を展開した。

の信者がけっこう多いので、五十代、六十代、七十代、それから九十代ぐらいまで行くと、「小川知子を先に出してほしかった」と言うかもしれない感じがします。「若い女優さんとかは知らない」という人も、意外に多いかもしれません。

なお、彼女と私の年齢《ねんれい》は、それほど開《ひら》いてはいないのですが、この方がテレビに出て、子役デビューしたのは十一歳のときです（一九六〇年）。そのころは、まだ私の家にテレビがなかった時代でした（笑）。テレビが入ったのは、東京オリンピックの年だったので、一九六四年だったと思います。彼女は、その四年も前にテレビに出ていた方であり、私にとっても、少し先を行っていた方なのです。

その後、彼女の「ゆうべの秘密」という歌がヒッ

1968 年に発表された歌手デビュー曲「ゆうべの秘密」（東芝音楽工業）は 52.9 万枚の大ヒット。オリコンチャート 1 位を記録し、NHK 紅白歌合戦への出場を果たした。

トしました。それは、私が小学校六年生ぐらいのころに当たるのではないかと思います。また、同じころ、彼女の友達だったと思いますが、いしだあゆみさんの「ブルー・ライト・ヨコハマ」なども流行《はや》っていたと思います。

そのように、彼女がテレビに出たのはすごく早くて、十一歳ぐらいから出ており、十八歳ぐらいで、すでに主演を張っていたので、私には大人に見えたわけです。

ところで、「ゆうべの秘密」は、彼女が十九歳のときの歌ですが、小学生の私には、「ゆうべの秘密」とは何のことを言っているのか、分かりませんでした。今にして思えば、「ああ、昔は、ずいぶん遠回《とおまわ》しな言い方をしたんだな」と分かりますが、当時は、(言葉通りに)「ゆうべの秘密」としてだけ理解していたので、何を言っているのかは分からなかったのです(笑)。

その後、もう少しはっきりとした、明確なメッセージ性を持つ、いろいろな人の歌が出てくるようになったと思います。

こんなことを言ったら失礼に当たるかもしれませんが、五十年近い前の映像などを観《み》ても、十七、八歳ごろの小川さんは、かわいらしくて美人です。確かに、それを見たら、武井咲も北川景子《きたがわけいこ》も〝真《ま》っ青《さお》〟になるでしょう。同じ年で比べられたら真っ青で、「オードリー・ヘップバーンもかくあったか」という雰囲気《ふんいき》があります。

女優や歌手、バラエティ番組への出演など、幅広く活躍して大人気を博し、「元祖アイドル」ともいわれる小川知子さん（写真は10代のころのショット）。

かわいらしく、美人であり、演技も非常にうまいので、十八歳ぐらいということで見れば、すごく成熟しているというか、「大人の演技ができるな。今の十八歳だと、もうちょっと硬《かた》いかな」という感じです。

やはり、それなりの天才女優の部分があったのでしょう。

それから、歌手としては、「紅白《こうはく》歌合戦」にも出場しています。当時、ミリオンヒットを出していて、歌もなかなか上手ですので、才能に恵《めぐ》まれた方だと感じます。

いずれにしても、私などよりずっと早く活躍《かつやく》していたような気がするので、世代的に少し遠い感じがしているのです。

立宗《りっしゅう》から約三十年たち、「芸術もの」が本格化してきた幸福の科学

大川隆法　昔は、当会も〝堅物《かたぶつ》系〟の勉強が多かったので、芸能界とは少し

距離《きょり》を取ってはいたのですが、幸福の科学を始めたころには、意外に早く、南原宏治《なんばらこうじ》さんという俳優が来ていました。

そして、彼が劇団のようなものをつくりたがって、さっそく取りかかったのですが、まだ教団のほうがきちんとできていないのに、劇団のほうをつくろうとしたので、すぐにうまくいかなくなってしまったのです。募集《ぼしゅう》だけはかけたのですが、結局は動きませんでした。

ただ、それから三十年ほどたって、当会もようやく、演劇などの「芸術もの」に手を出し始め、本格化してきた状態になったと言ってもいいのかもしれません。やっと、演劇部門●も立ち上がってきて、「学問としても捉《とら》えよう」というところまで来たのかなと思います。

また、小田さんの質問に対する小川さんの答えを読んだ総裁補佐《ほさ》（大川紫央《しお》）が、「小川さんは、すごく真面目《まじめ》でストイックな方で、自分に厳しい方

●演劇部門　現在、幸福の科学ではスター養成スクールの運営を行っており、その在校生や卒業生がテレビや映画、舞台等に出演している。卒業生の一人である雲母《きらら》（ニュースター・プロダクション所属）は、2016年春公開の映画「天使に"アイム・ファイン"」に主演予定。また、2016年春に開講されるＨＳＵ未来創造学部 芸能・クリエーター部門専攻コースにおいても、俳優養成のための演技科目が予定されている。

なのですね。総裁みたいですね」というようなことを言っていました。

「〝総裁みたい〟というよりは、当会の勉強をしているから、そうなった可能性もあるのかもしれない」とは思いつつも、この業界で五十年以上、プロとして生き続けることの難しさというのは、大変なものなのではないかと思います。

彼女の若いころに一緒《いっしょ》に出ていた人でも、もう消えている人、記憶にない人がたくさんいるわけで、いまだに残っておられるというのは、そうとうなものでしょう。

確か、昔、彼女が何かで、「若いうちは、きれいだったりすれば、それで十分いけるけれども、三十歳を過ぎたら、勉強していなければ、もう生き残れない」というようなことを言っておられた気がするのですが、そのとおりなのではないかなという気がします。

細かい技術的なことについては、小田さんの厳しい〝突《つ》っ込《こ》み〟に見事《みごと》に答えておられるので、演劇をされる方は、こちら（前掲《ぜんけい》『感動を与える演技論——心を揺さぶる感性の探究——』）を暗記して、勉強されたらいいかと思います。

今日は、ここまで細かくは行かないかもしれません。

今、小川知子さんに強い影響《えいきょう》を与《あた》えている守護霊を招霊《しょうれい》する

大川隆法　質問者の二人（船《ふな》井《い》と天雲《てんくも》）は、ここに出てきている以上、そうとう、質問するだけのものを持っていらっしゃるのでしょうか。「アー・ユー・ハッピー？」（幸福の科学出版刊）を通じて知っているということですか。

船井　そうです。

大川隆法　ああ、そちらのほうですか。そういうところですね。

なお、いつもながら、ぶっつけ本番、生《なま》の収録であって、事前に、小川さんの守護霊と打ち合わせするということはありません。そういうことは、まったくしていないので、どんなかたちで出られるかは分かりません。

また、「女神の条件」が語られるか、あるいは、「〝女神になれたらいいな〟条件」のようなものが出るか、それは何とも分かりません。

ただ、おそらく、これから芸能系に進む方

小川知子さんは、月刊「アー・ユー・ハッピー？」誌上で、2010年7月号よりエッセイを連載。2014年4月号からは、大川隆法の公開霊言集を紹介するエッセイ「REIGENの魅力」を連載している。

も増えてくるとは思うので、信仰《しんこう》を持った方が、そちらで活躍するに当たっての、導きの言葉のようなものも聞けるのではないかと思います。

それから、「ゆうべの秘密」ならぬ、「小川知子の隠《かく》された秘密」が、何か出てくる可能性もあるかもしれないと思っています。

まあ、〝おしゃべり〟は短めにしましょう。この方（小川知子守護霊）も、けっこうよくしゃべる可能性があるので、早めに入りたいと思います。

（手を一回叩《たた》き、そのまま合掌《がっしょう》する）それでは、公開霊言収録、六百回目を記念いたしまして、当会の信者でもある、女優・小川知子さんの守護霊をお呼び申し上げたいと思います。

過去世《かこぜ》は、幾《いく》つかおありだろうと思いますけれども、今、本人に、いちばん強い影響《えいきょう》を与《あた》えておられる方が出てきてくだされば幸いです。

（手を一回叩く）女優・小川知子さんの守護霊よ。

女優・小川知子さんの守護霊よ。
女優・小川知子さんの守護霊よ。
どうか、幸福の科学総合本部に降りたまいて、私たちに導きの言葉を与えたまえ。
女神の条件、その他について、いろいろとお教えを賜《たまわ》れれば幸いです。
小川知子さんの守護霊よ。
小川知子さんの守護霊よ。

（約十五秒間の沈黙《ちんもく》）

2 激動の一九九〇年代を振《ふ》り返って

「女神《めがみ》の条件」というタイトルへの感想を述べる小川知子守護霊

小川知子守護霊　あら、やだ。

小田　（笑）こんにちは。

小川知子守護霊　私はもう、「帰天《きてん》第一声」になると思っていたのですけどね。

「アユハ」（「アー・ユー・ハッピー？」）の霊言《れいげん》の連載《れんさい》ができなくなったら

どうするの？　自分のが出ちゃったら、もう、できないかも。

小田　（笑）小川さんご本人には、公私《こうし》ともにずっとお世話になり続けていまして、本当に感謝申し上げます。

先ほど、大川総裁からも紹介《しょうかい》がありましたけれども、ＨＳＵの未来創造学部の芸能・クリエーターコースのテキストをつくる際に、インタビューというかたちでご協力いただきまして、まことにありがとうございます（前掲《ぜんけい》『感動を与《あた》える演技論――心を揺《ゆ》さぶる感性の探究――』参照）。

本日は、「公開霊言　六百回」を記念いたしまして、小川知子さんの守護霊霊言を、「女神《めがみ》の条件――女優・小川知子の守護霊が語る成功の秘密――」というご演題で伺《うかが》いたいと思っています。

小川知子守護霊　五十年、遅《おそ》かったかもしれませんね。この年齢《ねんれい》で「女神の条件」は、少し厳《きび》しゅうございますね。

小田　いえ、いえ。いろいろとお話を伺いたいと思います。

小川知子守護霊　私は、そんなことにあまり関心はなくて、（大川隆法の爪《つめ》を見て）大川隆法先生の爪が光っていることに、すごく関心がある……（会場笑）。甘皮《あまかわ》を取って磨《みが》いてあるんですね、これねえ。すごいですね。

小田　（笑）

小川知子守護霊　「男神《おがみ》の条件」って感じですね。

「講談社フライデー事件」のあった一九九一年当時を振《ふ》り返る

小田　私が小川さんと知り合ってから、二十五年のお付き合いになるのですけれども、「この方は、女神ではないかな」と思った瞬間《しゅんかん》があります。それは一九九一年の九月、小川さんが、「講談社フライデー全国被害者《ひがいしゃ》の会」の副会長となられて、初めてマスコミのカメラの前で訴《うった》えられたときなのです。会場に着くまで、車で私の隣《となり》に座《すわ》っていたのですが、小川さんは赤いコートを着ていらして、「『赤色《あか》はモーゼの正義色』。だから、赤を着てきたの」などとお話をしていたのです。

そのあと、「ちょっと話してくるわ。行ってきまーす」と言って手を振《ふ》って、トットットッと歩いていかれて、演台に立ってマイクを持たれたのですが、第一声は、本当にものすごい言霊《ことだま》でした。表情がガラッと変わって、ド

●**赤色はモーゼの正義色**　1986年から1994年まで用いられていた幸福の科学の根本経典(『神理の言葉・正心法語』)の一節。現在、信者には仏陀意識で統一された『仏説・正心法語』が下賜されている。

ーンとお話しされたのです。あのような小川さんは見たことがなかったし、話の内容ももちろんですけれども、声の使い方、強弱、間《ま》の取り方、目の配《くば》り方、何もかもが素晴《すば》らしくて、「これは、どなたか必ず、高級霊《こうきゅうれい》が臨《のぞ》んでいらっしゃる。この方は、女神様なのではないかな」というのを最初に感じた瞬間でした。私は、今でもあのときのことが忘れられません。

そのような思い出があります。

小川知子守護霊　まあ（苦笑）。それは教団側からの見方でございましょうから。

小田　いえ。

小川知子守護霊　芸能界側の人から見たら、「小川知子、絶叫《ぜっきょう》」というのが、ほとんどの関心で、「絶叫か、発狂《はっきょう》か」というような感じだったのかもしれません。ちょっとお騒《さわ》がせしてしまって、まあ、もう少し〝上手な打ち出し方〟もあったのかもしれないとは思います。

小田　いや。あれはもう、完璧《かんぺき》だと思いました。

小川知子守護霊　（笑）

1991年9月15日大川隆法講演会「希望の革命」（神奈川・横浜アリーナ）後に開かれた決起集会では、「人を傷つけて苦しくないはずはない。それを止めさせるのも愛です」と切々と訴えた小川知子さん。

小田　当時は、メディアが非常に穿《うが》った見方をして、わざと映像を意地悪く切り取って使っていただけです。実際にあの話を聞いて、心を打たれない人間はいないと思います。私も感動で、本当に体が震《ふる》えましたから。

小川知子守護霊　うーん。まあ、どうなんですかね。あのような仕事をしたことはないんですけれども（笑）、「立場上、台本《だいほん》なしで、そういう役割を与えられたらどうなるかな」ということで、「そのままをぶつけたらいいのかな」と思ったんですけど。

隠《かく》さずに出たのは「きっぷのよさ」と「真剣勝負《しんけんしょうぶ》の気持ち」から

小川知子守護霊　うーん……、まあ、教団がまだ新しかったですからね。だから、「直木賞作家《なおきしょうさっか》の景山《かげやま》（民夫《たみお》）と、女優の小川知子が一緒《いっしょ》になって出てくる」というのも、世間《せけん》的にはショッキングなことだったのかもしれませんけれどもねえ。

ただ、「新しい宗教の時代が来た」というようなことを、全国に知らせるという意味では、そういう役割にはなったのかなと。

もちろん、バッシングとかもあったとは思います。講談社の側からも、「景山さんと小川さん、どうなっちゃったのかしら」みたいな感じで言われていたようには思うんですけど。

1988 年に直木賞を受賞し、91 年以降は「講談社フライデー全国被害者の会」の会長を務めた景山民夫さんは、副会長の小川知子さんと共に全国各地を飛び回って戦った盟友。帰天後 15 年目にして収録された景山さんの霊言（『小説家・景山民夫が見たアナザーワールド』〔幸福の科学出版〕）では、小川さんの個人エピソードが明かされているが、ごく親しい人間以外は知らない情報のため、小川さん自身も驚いたという。

そうなんですよね。だから、まあ、革命は革命だったでしょうね。

小田　はい。

小川知子守護霊　「宗教が表に出てこられるか」という革命だったし、私のあとに、ほかの宗教から出た方で、〝撃《う》ち落とされた〟ようになった方もいらっしゃったと思います。

小田　うーん。

小川知子守護霊　芸能界は、（宗教に入っていることを）隠《かく》す人がほとんどですので。

しかも、（幸福の科学の）あの「早さ」というか、まだ、教団ができてからの時間が短かったですからね。

小田　ええ。

小川知子守護霊　それで、「隠さずに出てきた」ということは、珍《めずら》しかったのかなあと思うんですけど。

まあ、もともと、物事《ものごと》をはっきりさせないと気が済まないタイプなので（笑）。

小田　そうですよね。

小川知子守護霊　隠してうだうだ言うのは嫌《きら》いなので、本当のことをポーンと言ってしまって、「みんながマイナス評価をするならどうぞ」というような感じは、私としてはありました。やっぱり、〝きっぷのよさ〟みたいなのはあったのかなあ。

だから、女優としても、「思い切りのよさ」はあったと思う。

小田　そうですねえ。

小川知子守護霊　そういう意味では、男ではないけれども、「本番、真剣勝《しんけんしょう》負《ぶ》の気持ち」はいつも持っていたので、そういうところが出たのかな。

テレビカメラの前で話せる人が少なかった教団初期

小川知子守護霊　それと、幸福の科学は宗教法人格を取ったばかりで、まだ、幹部が十分に育っていなかった時代ではありましたので、（テレビ局の）カメラの前に出て、マイクを持って話ができる人があまりいなかったんですよね。

小田　はい。

小川知子守護霊　それをやろうとすると、今の総裁、当時主宰《しゅさい》だった大川先生その人が出てきて、自分でやらなければいけないような状態でした。そのため、「代役《だいやく》で私たちが出た」ということだとは思うんです。

小川知子守護霊が語る
「成功の秘密」

やっぱり、〝きっぷのよさ〟みたいなのは
あったのかなあ。
だから、女優としても、
「思い切りのよさ」はあったと思う。

その後、今、人材は厚《あつ》くなってきておられて、私たちの仕事はなくなってはきています。そういう意味で、「リリーフが少しだけできたのかなあ」と思いますけれども。

小田さんだって、たぶん、今みたいに自信を持ってはしゃべれなかった時代なんじゃないでしょうか。

小田　はい。本当に助かりました（笑）。ありがとうございます。

小川知子守護霊　今だって、（収録用の）カメラがいっぱいこちらに向いていますけれども、みんな、カメラを向けられるのが怖《こわ》いんですよ。

小田　はい。

小川知子守護霊　カメラって、銃撃《じゅうげき》でもされているような感じに見えるんですね。大砲《たいほう》か機関銃でも向けられているように見えて、「カメラを見ながらしゃべる」というのは怖いんです。

私なんかは慣れていますから、「どういうふうに自分が映《うつ》っているか」とか、「話しているか」というのを、自分で客観視できるんだけど、たいていの人は、びっくりしてしまう。

今だったら選挙の街宣などもしているから、もう少し慣れておられるかもしれませんけれども、やはり、みんな、カメラとかは怖かったと思います。

小田　はい。

小川知子守護霊　なんか、〝狙撃《そげき》〟されているような感じに見えて、自分の姿が映るのが、みなさん、怖かったんじゃないですかね。そのへんのところが、（私は）少し慣れていたところはあったのかな。

小田　先頭《せんとう》を切って、信仰《しんこう》を訴えていただいて、本当に勇気になりました。ありがとうございます。

3 多くの人を勇気づけた信仰告白《しんこう》

小川知子さんは何の女神《めがみ》なのか

小田　今回は「女神《めがみ》の条件」というタイトルなのですが、小川さんの守護霊様は、ご自身が女神であるという意識はお持ちでしょうか。

小川知子守護霊　これは、ちょっと（苦笑）。自分で言う人はいないんじゃないですか？（笑）（会場笑）

小田　（笑）

小川知子守護霊　自分でこれを言ったら、もう、おしまいじゃないでしょうか（笑）。他人《ひと》が言ってくださるのは、ありがたいなとは思うんですが。

小田　みなさんは何とおっしゃっておられますか。

小川知子守護霊　え？

小田　多くの人から、「女神」と呼ばれたような経験などはあるのでしょうか。

小川知子守護霊　さあ……。いやあ……。それは、私よりもっと年上の、ファンクラブの方とかが、そう言うぐらいはあったと思うけど（笑）。

小田　（笑）

小川知子守護霊　以前、『山口百恵《やまぐちももえ》は菩薩《ぼさつ》である』みたいな本が出たこともありましたが、そのように言われることは、ありがたいことであろうとは思います。

うーん、これはねえ、私をどうこう言うよりは、武井咲《たけいえみ》さんが賢いところをほめるべきだと思いますね。「これ（『女神の条件』というタイトル）を、こちらのほうに回してきた」というところが、彼女の賢さだと思いますねえ（前掲《ぜんけい》『時間よ、止まれ。――女優・武井咲とその時代――』参照）。さすがですね。若くして主演を取る人は違《ちが》いますね。

小田　（笑）私は、小川さんは「勝利の女神」か「美の女神」か、どちらかなのかなと思うのですが、いかがでしょうか。

小川知子守護霊　顔がないから、「ニケ」とかいいかもしれませんね。羽だけで顔がないから、誰《だれ》か分からない（会場笑）。ああいうの、いいかもしれませんね。どうでしょうか？

小田　いや、いや、いや（笑）。今日は、「女神の条件」というお話なので、

勝利の女神・サモトラケのニケ像（パリ、ルーヴル美術館蔵）。ニケはギリシャ神話に登場する勝利の女神。オリンポスのゼウス神、女神アテナに付き従ったといわれている。彫像は大理石製であり、ギリシャ共和国のサモトラケ島にて、胴体部分のみ発掘された。

ぜひ、女神界のお話が聞けたらいいなと思って、ここへ来たのですけれども。

小川知子守護霊　さあ、それは難しいかもしれませんねえ。なかなかねえ、どうですかね？　もう少し、〝三次元〟（この世）から積み上げていったほうが、いいかもしれませんねえ。

小田　そうですか。

小川知子守護霊　芸能界も、大多数の人は、まだ〝三次元〟で活躍《かつやく》中でございますからね。

●三次元　いわゆる「現世」「この世」と呼ばれる物質世界。四次元以降の世界は「霊界」と呼ばれる。

小川知子さんの〝絶叫《ぜっきょう》〟で質問者が受けた当時の衝撃《しょうげき》

船井　私は、小川さんは、「勇気の女神なのではないかな」と個人的には思っています。

小川知子守護霊　「勇気の女神」？

船井　私は大学生時代に、小川さんの一世を風靡《ふうび》したドラマ「金曜日の妻たちへ」を毎週楽しみに観《み》ていました。

小川知子守護霊　大学生時代（笑）。年がバレますね。

1980年代にブームとなったドラマ「金曜日の妻たちへ」（TBS）シリーズ。小川知子さんはパート1とパート3（写真）に出演した。

船井　ええ（会場笑）。もうかなりリスクはあるんですけれども（笑）。とにかく、本当に楽しみに観させていただいて、小川さんに憧《あこが》れていました。その後、私が社会人になったときに、朝、テレビをつけると、そんな小川さんが絶叫《ぜっきょう》されている映像がワイドショーで流れたのです。

小川知子守護霊　ああ……。

船井　それで、ものすごい衝撃《しょうげき》を受けたんですよね。

小川知子守護霊　アハハハ（笑）。

船井　そのころは、幸福の科学のことをよく知らなかったので、「私の小川さんが、こんな宗教に入って」というような感じで、かなり衝撃を受けました。しかし、よく考えたら、「小川さんが間違うわけがない」という気持ちもあって、そのあと……。

小川知子守護霊　それはちょっと、今のお立場で言っておられるんじゃないですか？（苦笑）「小川さんが間違うわけはない」というのは。

船井　いえ、本当にそうなんですよ。

小川知子守護霊　いやあ、それはちょっと、うーん……。

船井　小川さんは、芸能界で唯一《ゆいいつ》、私が憧《あこが》れていた方でしたので。

小川知子守護霊　いや、口がうますぎますよお（笑）（会場笑）。

船井　いや（笑）、それは、あの……。

小川知子守護霊　これはうますぎ。ほかの女優さんたちに、どう申し開《ひら》きするんですか。

船井　このお話は、（小川知子さん）ご本人にも申し上げたことがありますし、本当に感動したのです。

小川知子守護霊　ええ。

船井　そういう意味で、私が幸福の科学の門を叩《たた》く最初のきっかけになったのが、小川さんでした。

小川知子守護霊　いやあ、そういうのが役に立ったのなら、ありがたいとは思いますけど。

船井　はい。本当にありがたいことでした。

「芸能人がスピリチュアル世界の伝道師になる時代を意識していた」

船井　また、視聴者《しちょうしゃ》の方のお声も伺《うかが》っているのですが、「小川さんの姿をテレビで観て、自分も何かやらなければいけないと思いました」と、正義に目覚めていった方もいらっしゃいます。

あるいは、映画「ノストラダムス戦慄《せんりつ》の啓《けい》示《じ》」（製作総指揮・大川隆法。一九九四年公開）で、小川さんが演じる天使の呼びかけを聞いて、「真実に目覚めさせていただきました」というような声も実際に伺ったことがございます。

小川さんは、水面下で本当に多くの方々に対して、「信仰《しんこう》の門を指し示す役目」を果たされてきたのではないかなと思っておりますが、いかがでしょうか。

映画「ノストラダムス戦慄の啓示」（1994 年公開／製作総指揮：大川隆法／東映）では、指導天使・サウラとして登場した小川知子さん。

小川知子守護霊　まあ、難しい時代でしたね。

ですから、マスコミ界等は、戦後ずっと新興宗教に対して、「下」に見る傾向《けいこう》がすごくございました。

やはり、（宗教は）サブカルチャーとしてはあったけれども、表には出られないカルチャーではあって、内緒《ないしょ》にしていく部分で、個人的に悩《なや》みがある場合に通《かよ》ったりするようなところだったのかもしれませんね。

ところが、作家の代表みたいな景山《かげやま》（民夫《たみお》）さんが出てきたり、女優として前に有名になった私とかが出てきたりしたので、「いったい何なんだろう」ということで……。

（前掲『美しく燃えて』を手に取り）これも、（キャッチ）コピーを見たら、「私はいかにして精神世界にめざめ究極の神を知ったか?」と、ここま

●『愛は風の如く』　古代ギリシャの英雄・ヘルメスの半生を綴った物語（現・幸福の科学出版刊／全四巻）。

で（出版社の）学研《がっけん》さんも踏《ふ》み込《こ》んでこられて。

まあ、当時、教団が学研さんとも仲が良かったこともあるんです。『愛は風の如《ごと》く』（大川隆法著）が学研から出ていましたのでね。

だから、これも自伝じゃなくて、「『精神世界にどうして目覚めたのか』のところを中心に書いてくれ」というようなことであったので。

確かに、アメリカなんかでシャーリー・マクレーンとか、ああいう方々がスピリチュアルの世界の伝道師になってる部分もありましてね。だから、ああいうのを見て、「いずれ日本にも、そういう時代は来るだろう」とは思っていたので、そういうのは、ちょっと意識はしていました。

アメリカの女優シャーリー・マクレーンは、1983年に発刊した自著『アウト・オン・ア・リム』（地涌社）のなかで自らの神秘体験を語り、世界的なベストセラーになった。

自分の主義・主張を表に出しにくい日本の芸能界

小川知子守護霊　やっぱり、芸能界にいる者は影響力《えいきょうりょく》が大きいですけれども、日本では、政治的な意見とか、主義・主張、宗教信条みたいなものは表に出さないで、「いろいろな企業《きぎょう》のコマーシャルができるように、ニュートラルでなければいけない」みたいなものが不文律《ふぶんりつ》のようにあったのかと思う。

まあ、欧米《おうべい》とかでは、芸能活動をする人たちも、自分の主義・主張をはっきりおっしゃる方もいて、「人間、いろいろあっていいんじゃないか」「芸事《げいごと》は芸事だし、個人の信条としては、いろいろなものを持っていてもいいんじゃないか」という考えがあったと思うんです。

でも、日本では、どちらかというと、「芸能人というのは場を盛り上げる役割であって、自分の主義・主張を、他人様《ひとさま》に偉《えら》そうに言うような立場ではないんだ」「台本に基《もと》づいて話をして、いい演技を観ていただいて、『エンターテインメント』として活動するのであって、自分のほうが〝上から目線〟で言うようなものじゃないんだ」という文化はあったと思うんですよ。

ただ、芸能界からも、そのまま政治家に転身《てんしん》する人もいっぱいいたり、作家になる人もいれば、いろいろなところで活躍する方も出てきましたので、時代が変わっていくときだったのかなあとは思います。アメリカなんかは芸能人が大統領になっていましたしね。

まあ、当時は、「参議院議員に立候補しないか？」と打診《だしん》されたりもして、〝あれ〟だったんですけれども、すべてがちょっとずつ、〝ずれ〟ていた時期かなとは思いますけどね。

4 プロフェッショナルとは何か

「一生懸命《いっしょうけんめい》やるだけがプロフェッショナルではない」

船井　小川さんは信仰《しんこう》告白を乗り越《こ》えて、現在も芸能界で現役《げんえき》として、ずっと活躍《かつやく》なさっておられます。そのご努力たるや、並大抵《なみたいてい》ではありませんし、水面下で限りない努力をなさっていると思うのです。

先ほど、「女神界《めがみかい》の話は、〝三次元から積み上げて〟いったほうがよい」というお話もありましたので、どのようなご努力をなさっているのかをお伺《うかが》いしたいと思います。

小川知子守護霊　ええ、ええ。

船井　最近、テレビのトーク番組ですとか、バラエティ番組とかで、小川さんをよくお見かけいたします。

そのなかで、いちばん驚《おどろ》いているのは、仕事の打ち合わせ等で私が普通《ふつう》にお会いしているときの小川さんの素顔《すがお》と、テレビに出られている小川さんが、ほとんど変わらないということです。一期一会《いちごいちえ》の気持ちで、一生懸命《いっしょうけんめい》、相手をしてくださり、本当にサービスマインドが旺盛《おうせい》で、目の前で話している小川さんとテレビに出ている小川さんが、あまりにも変わらないので、いつも本当に感服《かんぷく》しておりました。

また、一声《ひとこえ》で人を惹《ひ》きつけるパワーとか、絶妙《ぜつみょう》な間《ま》の取り方、そして、「相手がこれを言ってほしいのではないか」と思って、うまく配慮《はいりょ》していくような、相手への愛とか、そういったものも感じます。

やはり、そのあたりは本当にプロでいらっしゃるなあと思って、いつも感服しているのですけれども、どうしたら小川さんのように、他人《ひと》と接するときに素敵《すてき》なトークをして、相手に爽《さわ》やかな余韻《よいん》を残すことができるのでしょうか。

また、いろいろな人から、「小川さんのお話を聞いたり、テレビに映《うつ》っている姿を観《み》ると、元気がチャージできる」といったことも伺っていて、「落ち込《こ》んだときに、録画したものを、もう一回観よう」といった話も最近聞きます。

そういうわけで、どうしたら、他人に元気を与《あた》えることができるのか、霊《れい》的《てき》なパワーの源泉《げんせん》がありましたら、教えていただきたいと思います。

これは今後、ＨＳＵにおける芸能・クリエーターの卵たちに向けても学びになると思いますので、秘訣《ひけつ》などを教えていただけたら、ありがたいです。

小川知子守護霊　やっぱり、（芸能活動は）もう長いですからね、そう言ってもねえ。魚屋さんが魚のことを知ってるのと同じです。まあ、こちらは魚を相手にはしていませんけれどもね、人間が相手ですから。人間というか視《し》聴者《ちょうしゃ》、あるいは、観客の方を相手にして、五十年も六十年も仕事をしてきていますので。

そういう意味で、「多くの人たちがどんなふうに感じるか。思っておられるか。反応されるか。今後また観てくださるかどうか」というようなことは、ずっと煮詰《につ》めて考えてきてますのでね。

それが、大川先生も最近よくおっしゃっている「プロフェッショナル」ということなんじゃないでしょうか。

だから、「自分が一生懸命やるだけでは、プロフェッショナルではない」

と思うんですよね。自分が一生懸命やるのは当然のことであって、それがほかの人にとって、何らかの参考になったり、役に立ったりするようなことを、サラッと触《ふ》れていくっていうか、簡単に、すれ違《ちが》っただけでも教えていくようなところがなければ、プロフェッショナルじゃないと思うんです。

トーク番組であっても、発言は何度もすることもありますけれども、「一回きりかもしれない」という気持を持って、「一期一会」だと思っているんです。

もちろん、発言の機会を与えられたときには、〝三次元的〟な話をするわけですけれども、「そのなかに、少しでも、自分なりの言葉で表現した真理を入れて、相手に何らかのものを伝えたい」という気持ちはずっと持っているし、そうした表現の技術について、何十年も考え続けてきましたからね。

「多くの人たちがどんなふうに感じるか。
思っておられるか。反応されるか。
今後また観《み》てくださるかどうか」
というようなことは、
ずっと煮詰《につ》めて考えてきてますのでね。

トーク業や司会をするためには「中身」が要《い》る

小川知子守護霊　私も幸福の科学には、多少、お役に立ったところもあるかもしれませんが、それよりも、教わったことのほうが、はるかに多かったので。まあ、学校の勉強は、ほどほどにしかしていなかったものですから、幸福の科学で、大事な「教養《きょうよう》」をずいぶん身につけさせていただきました。

それで、一生懸命ちゃんと勉強をしておきましたから、「ほかの女優さんたちや男優さんたちと伍《ご》してやっていっても、そういう知的なバックグラウンドで、そんなに後《おく》れを取ることはないという自信が裏にあった」ということが、よかったかと思います。

特に、台本があって演技をする女優業だと、声とか表現の仕方とかのうまい下手《へた》は出ますけれども、そういうものがない、自然にやるトーク番組風のものになってきますと、「中身」が問題になってきますね。

だから、女優業ができても、トーク業とか、司会とかができない場合は、基本的に、勉強がちょっと足りないっていうことがあると思うんですよ。

やっぱり、これから芸能界を目指す方で、将来、タレント業とか、その他、そういうトークショーとかにも出られるような女優を目指すなら……。

まあ、女優の前は、たいていモデルですよね？　でも、モデルは写真だけですので。それは、「スタイルの維持《いじ》」とか、「表情」とか、そういうところの練習から始まって、次に、それに言葉がつけば、女優になりますよね。「言葉」と「表現力」がついて、三次元的に動けば「女優」になる。

さらに、自己判断が任されてくるようになると、「タレント」から「司会者」とか、いろいろな番組のムードメーカー的なものをやれるようになる。

やっぱり、そのなかに、経験とともに、勉強として蓄積《ちくせき》しなければ駄目《だめ》なんじゃないかなと思うことは多いですね。

その意味で、大川先生に教わったことは数多くあります。その〝切れっ端《ぱし》〟のどれを使っても、「シェークスピアの教え」を受けているような感じがありましたね。

最高の芸をつくる「霊的《れいてき》バイブレーション」

小田　幸福の科学の信仰に入る前とあとでは、俳優としての演技に、何か変わったところはありますでしょうか。

小川知子守護霊　やっぱり、「霊的《れいてき》世界の確信を得られた」ということと、「バイブレーション（波動《はどう》）」ですよね。「現在進行形で、霊的なバイブレーションを生《なま》で感じられる」っていうことは大きかったです。それは、過去の

地球の至高神エル・カンターレの魂の分身として地上に降臨し、人々に教えを説いた古代インドの仏陀〈右〉と古代ギリシャのヘルメス〈左〉（2003 年公開映画「黄金の法」／原作・製作総指揮：大川隆法／幸福の科学出版）。

宗教だと、もう分からなくなる。

ところが、現在ただいま、そこに仏様、あるいは、神様の代理の方がいらっしゃって、天上界《てんじょうかい》の最高級の波動を降ろしてきて、そのバイブレーションを感じるっていうのは、芸能界と言わず、すべての世界に通じるものだとは思うけれども、まあ、古い言葉で言えば、神韻渺渺《しんいんびょうびょう》とした感じですよね。（大川隆法の言葉は）普通の人間では言えないような、ものすごい言葉です。

例えば、幸福の科学のアニメで、仏陀《ぶっだ》役やヘルメス役、あるいは、救世主役の（声優の）方が、いかにそれらしく説法《せっぽう》をされても、あのバイブレーショ

ンは出ません。生《なま》のバイブレーションは全然違う。それは、ほんとに全身で感じ取るものだし、あちこちで泣いてる人がいっぱいいらっしゃいますよね。やっぱり、声を聞いて泣く人があり、声を聞く前に、お姿を見て、すぐ泣き始める人がいるでしょう？ ああいうのは、舞台《ぶたい》俳優、女優、あるいは、演劇をやった者にとっても、最高の芸ですから。「一言《ひとこと》も発せずして、人を泣かせる」なんていうのは、できることではありません。それは何かというと、その人から出ている「バイブレーション」「オーラ」であって、こういうもので、人はすぐに泣き始めるんでしょうね。

そういう意味では、「無言《むごん》説法」としてでも、演技の勉強にはなりましたね、「人の心をつかむ」っていうことに関しては。「どうやって（人の心を）揺《ゆ》さぶるのか」ということや、「台本なしで、生でやっている感覚」というのは、よく分かりましたよね。

「一言《ひとこと》も発せずして、人を泣かせる」
なんていうのは、できることではありません。
それは何かというと、その人から出ている
「バイブレーション」「オーラ」であって、
こういうもので、
人はすぐに泣き始めるんでしょうね。

だから、ずいぶん勉強させていただきました。

心が折れそうなときに、自分を励《はげ》ます最大の力とは

天雲　今、バイブレーションのお話が出ました。大川総裁からは、「自分の美点や、個性、本当の自分を愛することができた人が、多くの人を愛することができる」と教えていただいていると思うのですけれども、小川さんは、本当の自分の美点を愛するために、何が必要だとお考えでいらっしゃいますか。

小川知子守護霊　やっぱり、「自分が神の子、仏の子なんだ」っていう自覚ですかね。「仏性《ぶっしょう》、神性《しんせい》というものが宿っている」と、繰《く》り返し教えていただきましたので。それが、最終的な自信にはなりました。

もちろん、芸能界にいますと、浮《う》き沈《しず》みもありますし、毀誉褒貶《きよほうへん》がございます。すごく持ち上げられることもあれば、ストーンと落とされることもあるし、ほめられることもあれば、マスコミの心ない批評で傷つくようなことだってあります。演技でやっているんだけど、それが素顔のように言われることもありますから。

そういう意味での、今流行《はや》りの「心が折れる」というような状態がすぐに来るような女優では、残念ながら、プロとしてはもたないんだと思うんですね。

心が折れるような状況《じょうきょう》っていうのは、いくらでも出てきます。もう、それは、毎年毎年出てしまうし、ただ「好きだ」というだけでは、なかなか五年ももたないと思います。もちろん、好きでなければ女優業などはできませんけれども。

好きだとしても、「心が折れる」というような状況が起きるようでは、やっぱり、プロとしてはもたないと思うので、普通なら折れてしまうところで折れないで、「しなって戻《もど》ってくる力」が要《い》ると思うんですね。

この、「しなって戻ってくる力」が、自分の「神性・仏性」を信じるところだし、ある意味では、神仏《かみほとけ》を信じる「信仰心の力」だと思うんですよね。やっぱり、これがあるから、自分が護《まも》られたというか、「自分は、神様に愛されている存在なんだ」と思うことが、自分を励《はげ》ます最大の力にはなります。

世間《せけん》からいろいろ評価されて、悪く言われることもあるけれども、やっぱり、それに耐《た》えるには、神仏の心を忖度《そんたく》して、「神仏が認めてくださっているのなら、どんな批判にも耐えていける」と思って、やらなくてはいけないということですかね。

「自分は、神様に愛されている存在なんだ」
と思うことが、
自分を励《はげ》ます最大の力にはなります。

自分に厳しく、精神的に「タフ」であれ

小川知子守護霊　そのへんのメンタルなタフネスさがなかったら、この世的にも、この業界では、とてもではないけど生き残れません。それは、歌手であれ、俳優業であれ、ほかの仕事もあるけれども、脇役《わきやく》だって、スタイリストだって、マネージャーだって、舞台の小道具をつくってる人たちだって、やっぱり、ストレスはすごいものです。

それは、全体が成功しなかったら、まとまらないし、成立しませんから。小道具一つ、何かミスがあったって、舞台は潰《つぶ》れてしまう可能性がありますので。

例えば、雪を降らせるシーンで雪がうまく降ってこなかっただけでも大変ですよ。「籠《かご》から雪を降らせることになってるその雪が、うまく降ってこなか

った」とか、「桜の花びらが降るべきところで、タイミングが合わないで落ちてこなかった」とかいうと、もうそれで劇は興《きょう》ざめになっちゃいますよね。

そういうことで、やっぱり、全員が真剣勝負《しんけんしょうぶ》でチームを組んでますから、メンタルで弱い人、打たれ弱い人は消えていかなくてはいけないし、とことん悔《くや》しい思いはすると思うけれども、それでめげたら、〝ただの人〟だと思う。普通の人だと思うんです。

タレント業とか、女優業とか、こういうものも含《ふく》めてそうですけれども、やっぱり、世間様の批評眼を受けてお手当《てあて》を頂く仕事っていうのは、それだけ厳しい試練に日々さらされていて当然のことであって、自分に厳しくなかったらやっていけません。

ただ、自分に厳しくなければいけないけれども、自分に厳しいことが自分を萎縮《いしゅく》させて、めげさせてしまうんだったら駄目なわけで、自分に厳しいことで、自分に「リバウンドする力」をつけさせなければいけないっていうことですかね。

そういうところでメンタル・タフネスをつくる意味では、いろいろなものが今あるとは思いますけれども、やっぱり、そういう精神的なものを一つ、キチッと学んでおかれることが大事でしょう。

体にいいことをする「努力」を続けよう

小川知子守護霊　それともう一つ、私も子供のころから熱心に気をつけてきましたけれども、「体力」ですよね。やっぱり、体力っていうのは根本《こんぽん》で、この芸能界で生き残るには、体力がなかったらもたないです。体力的に参《まい》ってしまったらコンディションのブレがすごく出ますので、ほかの人に迷惑《めいわく》をかけてしまうんですよね。

特に、それが主役級で出ている場合だったら、その人の調子で周りがみんな引《ひ》っ張《ぱ》られますので、迷惑のかけ方が半端《はんぱ》ではないんですよね。やっぱり、安定した状況をつくるっていう意味では、体のメンテナンスの重要さは、何度言っても終わりがないぐらいですね。

十八歳《さい》とか、そのぐらいだったら、まだまだ体力に自信があるでしょうけれども、二十五歳から三十五歳ぐらいまでの間に、体にだんだん変化が出てきますので。「その変化を自分が放置すれば、衰《おとろ》えていく流れに入っているんだ」っていうことをよく自覚して、意図《いと》してその部分を埋《う》め合わせるだけの努力を続けていかなくてはいけない。そういうマメな努力をしなかった人は、自動的に消えていくんですよ。

例えば、「三日、本を読まなかったら、その目を見れば分かる」と言われてますけれども、三日、体を動かしたり、運動したりというような、何か

「体にいいことをする努力」をしてなかったら、もう女優業でも、すぐ演技に出てくるんですよ。簡単に出てくるんです。暴飲暴食《ぼういんぼうしょく》から始まって、睡眠《すいみん》不足、体力不足、全部出てきます。

だから、イレギュラーなことがあったら駄目だっていうのかなあ。コンスタントにいい仕事を続けるためには、「自己管理」がどれほど大事かっていうことですね。

幸福の科学で説かれている「プロの心得《こころえ》」

小川知子守護霊　これは大川隆法総裁先生も、折に触れて、いろいろなところで言っておられますけれども、そうとう「自己管理」は徹底《てってい》されてますよね。宗教家が舞台裏をここまで明かしてくださったことも、本当にありがたいと思いますけれども、まさしくそのとおりだと思います。

安定した状況をつくるっていう意味では、
体のメンテナンスの重要さは、
何度言っても終わりがないぐらいですね。

二千四百回以上のご説法をされて、（公開されている）霊言《れいげん》だけで六百回と言われてますけれども、そうした長く続く仕事っていうのは、コンディション調整を続けることができない人にはできないと思うし、千九百冊以上の本を出すっていうのは、普通の人ができることではないですよ。

イチロー選手がヒットを打つのでも、自己コントロールはそうとうやっているといいますけれども、ましてや、もっともっとメンタルな部分が強い仕事ですから。自分をすごく律する力がなかったら、とてもじゃないけど……。その成果を見れば、だいたい、どれだけ自分を律する力があるかがよく分かりますね。

本能的にというか煩悩《ぼんのう》的にというか、体から要求して、したいもの、人間なら当然、要求するものとして、例えば、お芝居《しばい》の〝打ち上げ〟があったら、「暴飲暴食して、お酒を夜中や明け方まで飲んで暴《あば》れたい」とか、「どこかでバーッと派手に気晴らししたい」とかいうような人もいると思います。

けれども、そういう人は一つの仕事がものすごく大きく見えているんだろうから、コンスタントにずっと仕事を積み上げていくようなことは、たぶん難しいだろうと思うんですよね。

だから、そういう波をできるだけ減らして、ずっと続けていける条件を維持できるっていうのは、ものすごいことだと思うんです。

総裁先生の仕事は大きいですけれども、宗教ということだけではなくて、やっぱり、仕事論のところを取っても、演劇界にも通じるし、プロのスポーツの世界にも通じるし、ほかの世界にもたぶん通じると思います。これは、仕事論としては、「プロの心得《こころえ》」のようなものを、ずっと教えてくださっているのではないかと思いますね。

やっぱり、私も、「それだけ厳しいんだということを、ほかの業種で再確認しながら、自分の足元を照《て》らしてやってきた」というところはあります。

（幸福の科学の）会員さんもたまに言ってましたけれども、「『総裁先生は、まだ説法しておられるんだ』というようなことを、ふと思うことがある」と。「一九九一年ごろはワーッとやってたなと思ったけれども、ふと気がつくと、まだやっておられるんだ」っていうようなことですかね。「二十年、三十年と、ずーっと続けておられる。これは大変なことなんだ」ということでしょう。そのようなことを学ぶことが多いですね。

5 芸能界で輝《かがや》き続ける秘訣《ひけつ》

芸能界は「一万人に一人、生き残れるかどうか」の世界

天雲　今、プロとしてのストイックな気概《きがい》が感じられるお話を頂きましたが、そうした使命感を支える喜びといいますか、「これがあるから、やっていける」というような、「女神《めがみ》の喜び」というものが、もし小川さんのなかにありましたら、教えていただけますでしょうか。

小川知子守護霊　おそらくは、女神といっても、いろいろな女神がいらっしゃるかもしれませんので、「芸能にかかわる女神」、あるいは、「美にかかわ

る女神」ということになるかとは思うのですけれども、芸能活動を通じて輝《かがや》くには、やっぱり、その前提条件として、「生きがい・やりがい」のようなものが、その先に見えなければ駄目《だめ》だと思うんですね。

（芸能活動を）収入の手段の一つ、職業の一つとして見ていたとしても、成功すれば、確かに大きな収入になりますが、競争はものすごく厳しい世界です。例えば、（大川総裁が）先ほど言われたように、十八歳《さい》ぐらいですごく注目されて、評価されたとしても、次から次へと若い子が出てくるんです。今もそうだと思います。

今、総裁先生が取り上げられた女優さんたちでも、次から次へと、毎年、「新しい挑戦《ちょうせん》」を受けているんですよね。「この新しい挑戦をかわしながら生き続ける」というのには、もう個人の努力がそうとうあると思うんですよ。

はっきり言ってしまえば、本当に、一万人に一人、生き残れるかどうか分からないぐらいの世界だと思います。主役級ぐらいになりましたら、「一万人に一人、生き残れるかなあ。そこまで生き残れないかもしれない。十万人に一人かもしれない」っていうぐらいの難しさだろうと思うので、人と同じことをやってたのでは、絶対に絶対に生き残れないことは間違《まちが》いない。

だから、人が「いい」と言うことは、すべて試《ため》してみて、そのなかで自分に合うものを選び取って、それを磨《みが》き続けるんです。

「最高の自分を出すことで、多くの人の喜びになりたい」

小川知子守護霊　「なぜ、それをするのか」ということですが、もちろん、自分自身にとっては、最高の自分を磨き出すためです。

要するに、ダイヤモンドは「なぜ輝きたいか」といっても、原石《げんせき》のままでは美しくないじゃないですか。自分がダイヤモンドであるならば、やっぱり、ダイヤモンドとして、キチッと研磨《けんま》していただいて、形を整《ととの》えていただいて、きちんと指輪なりネックレスなり、そうした役割を果たせる形にしていただくことで、ダイヤモンドは本当の仕事ができるようになりますよね。

だから、自分がダイヤモンドだと信じるなら、そのダイヤモンドの使命が果たせる形にまで、自分を磨き込《こ》み、つくり上げることが大事です。ダイヤモンドは、いくらいい原石であっても、「どう、それを加工し、磨き上げ、他の飾《かざ》りと併《あわ》せて作品に仕上げるか」ということには、やっぱり、この世的にも自分自身の努力が要《い》る。

また、それを輝かせるための職人に当たる人が、周りにたくさんいらっしゃるので、そうした人たちの力を得ながら、嫌《きら》われることなく応援《おうえん》していただいて、最高の自分を出す。

最高の自分を出すことに喜びを感じつつ、最高の自分を出すことが多くの

自分がダイヤモンドだと信じるなら、
そのダイヤモンドの使命が果たせる形にまで、
自分を磨《みが》き込《こ》み、つくり上げることが大事です。

人の喜びになるということ。「多くの人の喜びになることが、自分自身の喜びである」っていう気持ちかな？　これは、もう宗教的な精神とも、大きくは変わらないのではないかと思います。

きっと総裁先生だって、ご説法《せっぽう》されて、みんなにがっかりされたりしたら、それはそれは、つらい思いをされるのだろうと思うので、一回一回、「何らかの心の糧《かて》になるものを持って帰ってもらおう」と思ってやってらっしゃると思います。

「ダイヤモンドのカット」のように自分をつくり上げていく

小川知子守護霊　ダイヤモンドはものすごく高いものですが、その面を大胆《だいたん》にカットして加工していくには、「勇気」や「大胆さ」、「実行力」がすごく要ります。そのように、「自分の持っているいろいろな可能性があるなかで、別の可能性を切り捨てながら一つの目的のために自分をつくり上げていく。大胆にカットしながら自分をつくり上げていく」というところに、勇気や実行力、断行力がある。

そして、最後に作品として仕上がって、自分でも満足がいき、周りの人にも満足していただく。あるいは、指輪になり、ネックレスになり、王冠《おうかん》になって、それをつけてくださった方々が喜んでくださる。

その気持ちにも似たものがあるのかなと。それが女神と言えるかどうかは知りません。まあ、ダイヤモンドに女神を置き換《か》えていいのかどうか、私には分かりませんけれども。

やっぱり、女神といっても、「原石の部分」はあると思うんですよね。例えば、あなたが女神であったとしても、本当に女神としての使命を果たされるんだったら、ダイヤモンドのカットと同じで、どういうカットをするか。

そのカットをしていくときに、「本当は大事なんだけれども、捨てるべきところがあるし、整えるべきところもある。それから、型にはめられなきゃいけないところもある」と思うんです。これは「訓練」の部分でしょうね。

そして、いろいろと自分でも自己抑制《よくせい》しながら、世間《せけん》で本当に値打ちのあるものに変わっていかなければいけないのではないかなと思うんですよ。やっぱり、女神といっても、必要十分条件は必ずついているのではないかなあと思います。

だから、埋《う》もれてしまう方も数多くいるのではないでしょうか。一万人に一人、十万人に一人しか生き残れないとしたら、その間、〝星屑《ほしくず》〟となって散っていく女神の卵は、実際には数多くいるのではないかと思いますね。

小川知子さんが「新しいことに関心を持つ」理由

船井　この地上に肉体を持たれている、小川さんのお仕事ぶりを側《そば》で見させていただくと、今のお言葉を裏付けるように、本当に努力なさっていて、それがダイヤモンドのカットに当たる部分なのかなと思います。

また、すごく感覚がフレッシュですし、若いご友人もたくさんいらっしゃると伺《うかが》っています。そして、先ほどもおっしゃっていましたが、いろいろなことに関心を持たれており、本当に、そのとおりのことを、日々、ご本人はなさっています。

例えば、「スマホがいちばん最初に売り出されたときに、誰《だれ》よりも先に買われた」というお話も伺ったことがあります。また、インターネットやパソコン等のＩＴ系についても、ものすごく詳《くわ》しくて、試行錯誤《しこうさくご》して自分にいちばんいいかたちにされていくんですね。そして、無駄なものは全部削《けず》り取っていかれます。

そのような合理的なところや〝アンテナの張り方〟、「新しいものをすぐに試し、よきものは取り込み、捨てるべきものは捨てる」という姿勢。そのあたりが、小川さんが芸能界で五十年以上、ずっと活躍《かつやく》し続けておられる、成功のためのスキルの一つであり、パワーの源《みなもと》でもあるのかなと思うんです。

そういったところについては、芸能系のスターを目指す方々にとっても、学びになることが多いと思いますので、「お勧《すす》めのライフスタイルに、どのようなものがあるか」といったことも含《ふく》めて、教えていただければと思います。

小川知子守護霊　「新しいことにチャレンジしていく」っていうことは、そのとおりだと思うんですけれども、私自身の個人の問題として、日本の知的なエリートたちのスタンダード（標準）というものが、まだ直感的につかめないでいるんです。

やっぱり、小さいころから、劇団やバレエ教室などで子役の勉強をし、芸能界入りする流れでやってきたし、普通《ふつう》の人たち、知的なエリートたちが行くような道を行かなかったので、日本のスタンダードなインテリの考え方やスタイルを、十分にはつかめていないんですよね。

その意味で、自分としては、不完全なものというか、〝不完全燃焼〟している部分があって、そういうところで、どんどん〝退行現象〟というか、〝退化現象〟を起こしてはならないので、「新しいことに関心を持つことで、少しでも補《おぎな》っていきたい」という感覚なんですね。新しいことに関しては、オーソドックスな知的なエリート層にも、後《おく》れを取らないでいけるところがございますので。

古い基盤《きばん》というか、インフラ整備みたいなところでは、敵《かな》わない面があるので、「きちんと新しいところに関心を持っていけば、後れを取らない」というようなかたちで、「後れを感じるところを、自分で補いたいと思っている」ということが一つはあります。

自分にいちばん合った自己管理法を見極《みきわ》める

小川知子守護霊　ただ、もう一つの面として、「新しいことに常に挑戦している」ということはいいことですけれども、それは、すごく雑多《ざった》な知識が増えて増えてしかたがないことをも意味します。部屋で言えば、部屋が乱雑になっているのと同じような状況《じょうきょう》ですよね。そういうことにもなりますので、それだけでは駄目で、やはり、「ストイックな部分」も必要です。

小田さんのインタビューにも、お答え申し上げたようには思いますけれども、「朝の十時と夕方の六時ぐらいに食事をする以外は、間食《かんしょく》はしないし、それ以降も夜は食べません」とか、あるいは、「そんなことはないでしょう。映画やドラマをやったら、深夜でも差し入れの弁当などがあったりするから、それは食べるでしょう?」っていうように、(小田さんが)おっしゃっていても、「いや、お化粧《けしょう》直しをしたりして、食べないで過ごしてるんですよ」みたいなことを言っていますす(前掲《ぜんけい》『感動を与《あた》える演技論――心を揺《ゆ》さぶる感性の探究――』参照)。

そういう、自分なりのディシプリンというか、規律《きりつ》を持っていても、ほかの人にそれを強制することはできません。ほかの人が夜中に食べたければ、食べられましょうから。ただ、自分はそういうのが合ってるし、美貌《びぼう》を維持《いじ》して、健康を維持《いじ》するために、そうしたほうがいいと自分では思ってるので。

ほかの方は、ほかのやり方があると思うんですよ。「北川景子《きたがわけいこ》さんは、演技の合間にはパンをかじってる」とかいうような話もありますから。そういう、どんどん、食べ続けるような方もいらっしゃる。それは、たぶん、体質に少し違いがあるのだろうと思うんです。

いろいろやったなかで、自分にいちばん合った規律というか、それを決めたら、今度は、これを〝削《けず》り取る部分〟ですね。「それはしない」というところを、やっぱり、きちんと決めなきゃいけない。

新しいことにチャレンジしていくんだけれども、「こんなおいしい食べ物ができた」とか、「こんな飲み物が出た」とか、「こんな遊びができた」とか、いろいろ言われても、これをストイックに断るというか、やらないという判断もあるんですよね。

新しいことに挑戦《ちょうせん》しつつ、ストイックな部分も持っている

小川知子守護霊　だから、両方あるので、そのへんは、自分なりに上手にコントロールはしているつもりです。

とにかく、新しいことにチャレンジしているのは、やっぱり、〝使い捨てられていく職業〟であるので。もう古くなると、どんどん使い捨てられる。「時代に取り残された」と見られたら、使い捨てられていく役ですからね。

単に「おばあさんの役」とかいうんだったら、それは、それでもできるかもしれませんけれども、輝いていたいと思うなら、やっぱり、新しいことを目指していなければいけないということですよね。

最初に断りがあったかと思いますけれども、「幸福の科学で、女優の霊言《れいげん》を録《と》るんだったら、小川知子あたりを最初にやってもいいんじゃないか」と

思うところを、今流行《はや》りの若い、トレンディな女性から出てきましたよね。私だって、ちょっとは悔《くや》しく思わないわけではありませんけれども、それを悔しく思うよりは、大川総裁が、難しい本をたくさん読まれているなかに、そうした、芸能界の若い女性等も研究する時間を取っておられるということのほうに、驚《おどろ》きはありますよね。

だから、「やっぱり一緒《いっしょ》だなあ。新しいことを研究しているから、若い人とも話ができるようになるんだな」っていう、同じことを感じてはいます。以心伝心《いしんでんしん》で、そういうところは伝わることはございますね。

やはり、新しいことに挑戦《ちょうせん》しつつ、ストイックなところはすごくストイックで、古風《こふう》な部分も持っています。

例えば、「撮影《さつえい》が夜中になっても食べない」とかいうのは、普通は「体に悪いよ」とか言われちゃうじゃないですか。そう言われると、「まあ、そう

新しいことにチャレンジしているのは、
やっぱり、〝使い捨てられていく職業〟であるので。
輝いていたいと思うなら、
新しいことを目指していなければ
いけないということですよね。

かな」と思って説得されてしまうじゃないですか。「六時に食べてから、あと食べない」っていっても、夜中まで撮影があったりすると、「体に悪いですよ」とか言われる。でも、夜中に食べたら、翌日の体調のほうに影響《えいきょう》が出るんですよね。

こういうコントロールができなくなるので、まあ、微妙《びみょう》に複雑に、相反《そうはん》するものも取り入れているというか、そういうところはありますね。

6 作品選びの難しさ

「天国的な美」と「地獄《じごく》的な美」をどう見分けるか

天雲　今、食事ですとか、生活のポリシーについて、いろいろ教えていただきました。そのポリシーというのは、ある意味で、芸能界を生き抜《ぬ》いていくための知恵《ちえ》だと思うのですが、さらに、守護霊様には、霊的な智慧《ちえ》についてもお訊《き》きしたいと思います。

先日、大川総裁から、「美にも、『天上の美』と『地獄《じごく》の美』というものがある」と教えていただきました（二〇一五年十月十九日の法話《ほうわ》「新時代に向けての『美』の探究――『幸福の科学大学創立者の精神を学ぶⅡ（概論《がいろん》）』

第1章講義——」参照)。同じく、芸能界においても、〝地獄の女神《めがみ》〟ではなく、天上界《てんじょうかい》の成功の女神に好かれる秘訣《ひけつ》があると思います。それについて、何か霊的な智慧というものはありますでしょうか。

小川知子守護霊　ここは、とっても難しいんですよね。芸事だと、「やれ」と言われたら、やらなきゃいけないものは、そうとうありますのでね。原作があっても、原作が天国的か地獄的かを見分けるのは、簡単なことではないし、脚本家《きゃくほんか》や演出家など、いろいろな人の考えもあります。「こういうふうにやれ」と監督《かんとく》に言われれば、やらなきゃいけない部分もあるし、「(出演を)受けるか、受けないか」っていう信条《しんじょう》の問題もありますよね。

だから、私も、本格映画参入《さんにゅう》は、まあ、東映系で「大奥《おおおく》」(一九六七年公

『幸福の科学大学創立者の精神を学ぶⅡ(概論)』
(幸福の科学出版)

開の「大奥㊙物語」）というのがあって、一作目はワン・オブ・ゼムでしたけれども、続編では、初めて主役を張らせていただきました。だけど、十八歳《さい》で大奥を演じるっていうのは、これが天国的か地獄的か、微妙《びみょう》に難しいところはあるんですよ。作品としては、単なる「みだらな大奥」ということではなくて、ある程度、史実に則《そく》した、そういう、繁栄《はんえい》・栄華《えいが》と崩壊《ほうかい》、および悲劇という面を持っていましたのでね。

文学的にもそうだし、歴史的にもあった事実をなぞってつくっているものがあったので、受け入れられる部分もあるかな、と。ただ、打ち出し方には、多少、「どうかな」と思う面もありましたですけどね。

でも、そのあと、東映が「尼寺《あまでら》の尼さんの、何か怪《あや》

映画「大奥㊙物語」（1967年公開／東映）はオムニバス形式の３部構成。小川知子さんは第２部で将軍・家宣の側室となる篠の井の役を演じた。

しげなのを撮《と》る」と言い出したときには、私も啖呵《たんか》を切って、東映に怒鳴《どな》り込《こ》んでいったぐらいです。「そういう約束じゃなかった。そこまでは、もうやれない」ということでね。

まあ、大奥は歴史的な事実だから、それを演じるのは、あってもいいとは思うけども、尼寺の、そんな空想みたいなものをやって、そういう聖域《せいいき》を穢《けが》すような役なんかは、したくないですから。

若気《わかげ》の至りで、東映に喧嘩《けんか》を売り込みに行って、それでそのあと、「ゆうべの秘密」とかを歌って、東芝《とうしば》からデビューしたんだけど、「乗り換《か》えた」といって批判を受けたり、「十代のくせに生意気《なまいき》なことを言うやつだ」とか、ずいぶん言われました。

それは、尼寺が何か〝卑猥《ひわい》〟な感じの描き方をされるのは、カチンとくるものがあったのでね。

これが正しかったのかどうかは、私にも分かりません。撮ってみれば違《ちが》ったかもしれないし、分からないのですが。

ちょっと、大川先生が冗談《じょうだん》のように、「『大奥』を観《み》たら、『尼寺』も観たかった」みたいなことを言っている感じが伝わってはきたので（『美の伝道師の使命』〔幸福の科学出版刊〕参照）、「うーん、なかなか難しいなあ」と思うことはあるんです。「十八歳の小川知子の尼さんを観たかったかなあ。どうだったかなあ」とか思うことはあるんですけど。

まあ、しかたがないです。自分なりの、何て言うか、探知機《たんちき》みたいなもので、「いいと思うか、嫌《いや》と思うか」っていうのは出るので。したくない演技は、やっぱりあるということですね。

『美の伝道師の使命』
（幸福の科学出版）

ドラマ「金曜日の妻たちへ」に込《こ》められたテーマ

小川知子守護霊　それから、「金妻《キンツマ》」（ドラマ「金曜日の妻たちへ」）なんかも、演技としては、社会の背景を映《うつ》しつつ、先取りしてるようなところがあったので、なかには、必ずしも「天国的だ」とも言えないものもありました。

また、複雑な社会に変化していこうとする、その〝曲がり角《かど》〟を捉《とら》えたものですよね。バブル期の曲がり角で、核家族《かくかぞく》が流行《はや》ってる時期に、今までどおりの長屋《ながや》付き合いのような、団地の奥さんや旦那《だんな》さんたちが付き合う関係というか、そういう集団的な交際が続くようなものがつくれるかっていう……。核家族化する時代のなかで、そういう昔の長屋《ながや》付き合いのような関係がつくれるかどうかみたいな、まあ、一つのトライアルであったとは思うんです。

ところが、その親密《しんみつ》さが度を超《こ》していけば、今度は家庭問題がいろいろと多発する。それは実際、その後の時代の「予言」にもなっていたような面があるかとは思いますしね。

そうした「金妻」ブームで、小田さんとかは、すごくほめ上げてくださっていますけども、「金曜日の夜には、家に電話をかけても、妻が電話に出ない。テレビにかじりついているので出てくれない」みたいな、そんな話もありました。

まあ、金曜日は、男が遊んで帰らないことも多いですからね。自宅で待っていると、妄想《もうそう》がいっぱい浮《う》かんでくるような奥さんも、たくさんいたと思うし。そういうときに、友達で集まってワイワイやれるような、そういうドラマが、社会の流行にアンチなのか、先行しているのかは、ちょっと分からないところがあったけども、一種の革命的な〝実験〟みたいなところもあったのかなあというところですね。

もう一歩進めば、それは「失楽園《しつらくえん》」まで行ってしまう問題ではありますので、ここは微妙なところなんですが。入り込《こ》んではいけないものなのか、それとも、人間社会の諸相として、また、いろいろな〝転ばぬ先の杖《つえ》〟として、知っておいたほうがいいことなのか。そういうことを、妻の立場で、夫の立場で、あるいは社会現象として、どう見るかという実験でもあったのかなとは思うんですね。

だから、家族群像《ぐんぞう》をお見せして、世間《せけん》に提示する。「よそ様の家族はどうなっているのか」っていうのをお見せするような、そういうところがあったし。まあ、家庭の崩壊も、バブル崩壊以降いっぱい起きてくるわけなので、そういうものを勉強した。お楽しみでもあったけれども、勉強でもあったと思うんです。

●「失楽園」　近年、渡辺淳一が不倫心中物をテーマにした小説を同タイトルで発表し、テレビドラマ、映画化された。「失楽園（する）」は1997年新語・流行語大賞となり、不倫の代名詞になった。幸福の科学では、渡辺氏の死後11日目に霊言を収録し、『「失楽園」のその後』（幸福の科学出版刊）というタイトルで発刊している。

学校の勉強はあるけれども、社会に出てからの勉強もあって、例えば、主婦をやりながら、「物事をどう考えるか」、「筋《すじ》をどう考えるか」、「正しいと思うか思わないか」、「悪いことだと思うか」、「こういうことをすると、人間関係、友人関係が崩《くず》れるか崩れないか」、「社会的に容認されるかされないか」みたいなものに、考え方を提示して、みんなの意見、反響《はんきょう》を見てみる。そういうこと自体は、問題提起の仕事としてはあったのかなと思いますね。

女優の家庭に起きるさまざまな問題

小川知子守護霊　ただ、「金妻」が有名になりすぎて、最初の夫と、何かちょっとですね、家庭のなかのほうは、微妙な関係になりました。まあ、「ブームの背後に、思わぬ家庭の地獄が待っていた」というようなことで、これは、これから結婚《けっこん》される女優さんたちも、みんな経験されることだろうと思います。そういうことは、どうしても起きてくるので。

うーん、何か演技に熱中してやってると、その演技のなかの役者としての名前、例えば、(「金妻」で演じた)村越英子《むらこしえいこ》という名前の自分と、小川知子とが、一緒《いっしょ》になってしまうところがあるわけですね。ブームをつくって、社会のなかで流れていくと、人格が一緒になってくるようなところがあるんです。

だから、演技だと分かっていても、例えば、夫なら夫が観て、「これ、本当に演技なのか。おまえが好きでやってるんじゃないのか。のめり込んでるんじゃないか」と思ってくる。同じような業界にいる夫であっても、そういうふうに見る場合もあって、危険なこともありますので、まあ、公私《こうし》ともども、勉強させていただくことは、ずいぶんありました。この世で、そういうふうにヒットしていていいときに、個人的には、非常な苦難が襲《おそ》ってくるようなときもございましたね。

また、今の伊東《いとう》（順二《じゅんじ》）と結婚したときもですね、年下の夫で、美術評論家をやっておりますけども、やっぱり、「有名な女優を妻にした」ということで、最初はギクシャクした関係で、最初の二年ぐらいはとっても難しい関係ではあったんです。

ところが、意外や意外、「フライデー事件」みたいなのが起きて、周りから脅迫《きょうはく》とか脅《おど》しとか、いっぱい舞《ま》い込んできたり、「もうやめろー！」とかいうのがいっぱい来たんですが、そうしたら今度は俄然《がぜん》、年下の夫が「護《まも》ってくれる」っていう感じで強くなって。危なかった夫婦《ふうふ》関係が、逆に、「夫が夫の使命を果たせる」「妻を護れる」みたいな感じの役割が出てきたので、壊《こわ》れるかもしれなかった家庭が長く続いたというようなこともあったりしました。

本当に、「公《こう》」と「私《し》」が、けっこう逆転するようなこともいっぱいありまして、「公」で不幸に見えることが、「私」ではよくなったり、「公」で成功したように見えることが、「私」では不幸になったりするようなことがあるので。やっぱり、長く人生をやっていると、なかなか、「人生が芸術を模《も》倣《ほう》しているのか」、「芸術が人生を模倣しているのか」、どっちか分からなくなるようなときは、いっぱいございましたね。

余計《よけい》なことをしゃべったかもしれません。

7 「才能」の見分け方・磨《みが》き方

芸能界にデビューする前に求められる努力とは

小田　来年（二〇一六年）、ＨＳＵの未来創造学部で、芸能・クリエーターコースが開学します。そこでお訊《き》きしたいのですが、芸能界で頭角《とうかく》を現すために、デビュー前には、どのような努力をしていけばよいのでしょうか。

小川知子守護霊　デビュー前ですか。

小田　ええ。一万人、十万人のなかからでも目立つ人でないと出ていけないわけですが、まず、芸能界に出ていくまでの水面下での努力、精進《しょうじん》というのは、どういったことを心掛《こころが》けていけばよいのでしょうか。

小川知子守護霊　まあ、多少は「運命」がありますので。先ほどダイヤモンドの原石《げんせき》の話をしましたけれども、河原《かわら》を歩いていて、それで〝宝石〟に当たるようなものに、当たるか当たらないかっていうようなところがありますよね。磨《みが》けば値打ちが出るようなものもあります。河原の石のなかに、そういうものもあるけれども、磨いても値打ちが出ないものもありますよね。

だから、やっぱり、幼少時から十代ぐらいまでは、「自己発見の旅」があるでしょうから、「自分とは何者か」ということを探究しなければいけないだろうと思うんです。

それで、十歳《さい》にもなれば物心《ものごころ》がついてきますので、「自分とは何者か」っていうのは出てくると思うんですね。そのころは、けっこう「芸能界入りしたい」とか、「歌手になりたい」とか、「女優になりたい」とか、「俳優になりたい」とかいう方はいっぱいいると思うんです。そういう、小学校の高学年ぐらいの方はいっぱいいると思うし、多少、人からほめられたりする容姿を持っていたり、あるいは、両親がそういうものに関心を持っていたりすると、やっぱり惹《ひ》かれやすいということはあるでしょうけども。

そういう客観的な条件として、周りからほめられるような状況《じょうきょう》とか、家庭の環境《かんきょう》が多少なりとも、そういう方向に向いているようなところに育ったとかもあれば、もちろん「芸能界」に生まれた方なんかは、最初から条件的にはいいですよね。そういうのもありますけれども、一般《いっぱん》ピープルのなかから選ばれて出るようなものもあります。

今のＡＫＢ風に、どこから出てくるか分からないような、「普通《ふつう》の女の子が、ある日突然《とつぜん》に」っていうのもあるし、今だって渋谷《しぶや》や新宿《しんじゅく》、あるいは原《はら》宿《じゅく》で声をかけられてスカウトされて、「モデルになりませんか」というあたりから始まって、「スターになりませんか」みたいなことまで、いっぱいあります。だけど、それは「運」ですよね。運があります。

でも、そのときに、そういう運が回ってくるかどうかっていう、〝最初のチャンス〟は、やっぱり、「自己発見の旅」を、自分なりに「インナートリップ」をやっているかどうかが大きいと思うんですね。

小田　はい。

小川知子守護霊　だから、「子供時代に、自分の内を見つめて、自分自身を深める努力を、それなりにしている」とか、「周りの人がどういうふうに考えているか、どういうふうに見ているか」っていうようなことを感じ取る練習とかをしなきゃいけない。まあ、クラスの人気者でもいいんだけども、「空気を読む力」も要《い》る。

「自己発見の旅」が自分流の輝《かがや》きを生む

小川知子守護霊　やはり、成功している人を見れば、必ずしも最初からピカピカのスター性があった人ばかりではないんですよね。意外や意外、コツコツ型だったり、地味《じみ》だったり、内気《うちき》だったり、はにかみ屋だったり、一風変《いっぷう》わっていたりするような人が、その後、変わってきて、気がつけば、「十八歳、十九歳になってデビューしていた」とか、「モデルになっていた」とか、そういうことがいっぱいあるんですよ。だから、意外に変化するところがあるんです。

ただ、大事なこととしては、「自己発見の旅」で、ずっと探究は続けていてほしい。

あと、もちろん、「周りの人がほめてくれるような自分に変わりたい」と努力しているとは思うんだけど、そのなかで捨て切れない「自分流の輝《かがや》き」といいますか、「特徴《とくちょう》」といいますか、もう、「自分は自分だ」というところは、どうしてもあると思うんですよ。やっぱり、「ここは変えられない」っていうところがあると思うので、それはそれなりに大事にしたらいいんじゃないかと思う。

それが原石の部分だし、自分の特徴なんだから、「自分自身を愛して、その自分の特徴が活《い》かせるかどうか」っていうことが、一つの人生の勝負だと思うんですね。

その自分の特徴であり、強みであるところで勝負して、それで世の中に認

「自分自身を愛して、
その自分の特徴《とくちょう》が活《い》かせるかどうか」
っていうことが、
一つの人生の勝負だと思うんですね。

められたら道が拓《ひら》けるし、その自分の長所と思うところで勝負して、あるいは、努力に努力を重ねて、それでも道が拓けないで、ほかの道に行かざるをえない人もいると思うんです。でも、それはそれで、いいんじゃないかと思うんですよ。

やっぱり、人生、篩《ふるい》にかけられると思うんです。小さいころから、十代、二十代と篩にかけられて、それで選《よ》り分けられていくのでね。

何て言うか、全員が女優になったり、男優になったりしてもいけないし、(質問者の) 小田さんみたいに、俳優をされるよりも、演出家をされたり、あるいは、組織のなかで、いろいろなものをつくり上げたりするほうに才能がある方だっているわけです。役者の練習をしているうちに、「自分は、これで終わる人じゃないな。もうちょっと大きな仕事をやるべき人間なんじゃないか」というふうに目覚める方だって出てくると思うので、「自分の強み」

で戦ってみて、そこに収《おさ》まり切らなかったら、別の道もあってもいいかなと。だから、やっぱり、どこまでも自分を見つめて、自己発見をしなきゃいけない。そして、そのなかに、最初は独善的《どくぜんてき》かもしれないけれども、次第《しだい》にいに、周りのいろいろな人の意見とか反応とかを見ながら、「自分とは何者か」っていうことを見る目を養っていくのが、大事なんじゃないかなあと思うんですね。

そういう、主役なら主役を張れるような人間としての〝気品《きひん》〟っていうのは、もう十七、八歳、まあ、二十歳《はたち》ぐらいから、十分漂《ただよ》ってますもんね。そういう方もいる。

職業の多様化とともに、役者のタイプも多様化している

小川知子守護霊　ただ、ありがたいことに、前にも言ったことがあるような

気がしますけれども、現代は、昔みたいに美男美女《びなんびじょ》でなければ主役を張れないとは、必ずしも限らないので。「モデル出身」の方は、美男美女が多いとは思うし、そちらから出る方が多いですけども、現代はいろいろと職業が多様化しているので、美男美女でなくても、主役を張れるチャンスが非常に多くなってきてますよね。

これは、どちらかといったら、「性格俳優」といわれるようなものが多いかとは思うんですが、何かに特色を持っている方ですね。何か芸風《げいふう》に一つの特色を持っていて、「そういうのをやらせると似合う」という方がいる。

例えば、警察官の役がよく似合う方とか、銀行のちょっと意地悪な上司がよく似合うタイプの方とか、こんなのでもけっこう、いろいろなところで何度も出てきますよね。また、警察官向きの方は、たまに入れ違《ちが》って、ヤクザのほうに回されることもあるけど、刑事《デカ》とヤクザとは、わりに似てますからね（笑）。着るものを入れ替《か》えれば、両方、同じようになっちゃう。捜査《そうさ》一課の刑事とヤクザとは、普通の服を着たら、どっちがどっちか分からないというか、潜入《せんにゅう》捜査できるぐらい似てますからね。お互《たが》いに態度が似てくるので。

小田　はい。

小川知子守護霊　まあ、そういう〝使《つか》い出《で》〟のあるところがあって、何回も使ってもらっていると、その世界では、つまり、普通の美男役では主役を取れないような方が、例えば、刑事《けいじ》ものなら主役を取れるとか、ヤクザものなら主役を取れるとか、そういうことだってあります。

ジョニー・デップみたいな、ああいう〝ちょっと変わった役〟をするような方は、普通だったら三枚目役しかできないと思うんです。ただ、ああいう方でも主役を張れることもありますよね。
　だから、生まれつきの遺伝子だけで、主役級かそうでないかが、必ずしも決まらない時代になったので、そういうところは、ありがたいことなんじゃないかなと思います。

小田　はい。

小川知子守護霊　高倉健《たかくらけん》みたいな容姿じゃなければ駄目《だめ》だっていうんだったら厳しいけど、西田敏行《にしだとしゆき》でも、やっぱりいろいろな役はこなせていく。む

ジョニー・デップ（1963～）アメリカの俳優。主な出演作は「シザーハンズ」「ギルバート・グレイプ」「パイレーツ・オブ・カリビアン」「チャーリーとチョコレート工場」等。

しろ、芸の幅《はば》は広いかもしれないから、〝長生き〟できる役者ですよね。まあ、そういうこともあるわけですから。

そういう意味で、「戦い方は、今、多様化している」というふうには思わなきゃいけないかなあ。

高倉健（1931 ～ 2014）
俳優。「網走《あばしり》番外地」シリーズで東映の看板スターとなる。「八甲田山《はっこうださん》」で日本アカデミー賞最優秀主演男優賞。他にも「南極物語」「鉄道員《ぽっぽや》」「あなたへ」等、多数出演。

西田敏行（1947 ～）
俳優。テレビドラマ「西遊記」「池中玄太《いけなかげんた》 80 キロ」「八代将軍吉宗」や、映画「釣りバカ日誌」シリーズをはじめ、「学校」「敦煌《とんこう》」等、数多くの作品に出演している。

8 もし、小川知子守護霊が「役者の卵」を審査《しんさ》するとしたら

審査《しんさ》ポイント① ―― まず役者に求められる「体づくり」の大切さ

小田　もし、小川さんが、「ＨＳＵの芸能・クリエーターコースで、自由に授業をしていい」と言われたら、どういった内容を伝えたいでしょうか。

小川知子守護霊　うーん。最初は、まず体を見ますね。やっぱり「体づくり」から行きますね。

だから、体を鍛《きた》えないと。鍛えるっていうか、「どの程度もつか」ってい

うことは、やっぱりあるので。

小田　ああ。

小川知子守護霊　撮影《さつえい》とかでも、すごい長丁場《ながちょうば》で、一カ月とか三カ月とか、場合によっては一年続く場合もあります。心身共に疲《つか》れてしまったら、やっぱり一流にはなれないので、「体をどのように鍛え込《こ》んでいくか」というところは重視したいですね。これは、もう〝足腰《あしこし》の部分〟というか、人生の足腰、芸能人になるための足腰の部分なので。

いろいろな役が回ってきますから、その役ができるかどうかですね。あるときは剣《けん》の達人の役が回ってくることもあれば、あるときは、その剣がメスに替《か》わって、外科《げか》医の役が回ってくることもある。だけど、剣の達人の役をやった芸歴は、外科医の役をやると、やっぱりちょっと利《き》くんですよね。

小田　うん。

小川知子守護霊　何となく、「手つき」というか、「真剣味《しんけんみ》」というか、「凄《すご》み」というか、人を斬《き》り裂《さ》く凄みのところは、やっぱり出てくるんですよ。そういうふうに、鍛え込んだ部分が出てきますので、まずは体を見ます。

第一審査《しんさ》では体を見て、第二審査では、最後は芸事につながっていくトレーニングですね。どの程度の肉体的なトレーニングに耐《た》えられるか。要するに、「単純な反復でも、積み重ねながら、自分の体づくりをしていくようなことを、あなたはできますか」と。

普通《ふつう》のサラリーマンなら、「酒を飲むな」「夜はみんなで宴会《えんかい》をやるな」と

心身共に疲《つか》れてしまったら、
やっぱり一流にはなれないので、
「体をどのように鍛え込《こ》んでいくか」
というところは重視したいですね。
これは、もう〝足腰《あしこし》の部分〟というか、
人生の足腰、
芸能人になるための足腰の部分なので。

言われたら、もう三日か一週間でギブアップしてしまうでしょう。

そうなるところを、例えば、アメリカの役者で、モハメド・アリの役をした俳優もいましたけど、「次は、ボクシングのヘビー級チャンピオンの役だから、体重を二十キロも増やさなくてはいけない」となったら、肉を食べて、筋肉をつくって、動き方もまねして、アリの娘《むすめ》さんが見ても「お父さんそっくり」というところまで、体づくりをする人もいる。逆に、体を痩《や》せさせることもありましたよね。反対もある。

このような、「筋肉の筋《すじ》の一本一本まで見せる役割で、あなたは体づくりができますか」ということですよ。

今、「私に恋《こい》したお坊《ぼう》さん」（テレビドラマ「5→9～私に恋したお坊さん～」）に出ている山下《やました》

俳優ウィル・スミスは、映画「ALI アリ」(2001 年公開／コロンビア・ピクチャーズ／松竹 日本ヘラルド映画)主演の際、役づくりのために体重を 20 キロ近く増やした。

（智久《ともひさ》）君も、前に、「あしたのジョー」（二〇一一年公開の映画）に出てましたけど、ああいうボクサーで、減量して、体を鍛えてるような役もできれば、お坊さんの役だってできる。やっぱり、それに合わせた風格を出すのに、自分なりに体づくりをしなくてはいけないし、それをする前に、実際にその職業をやっている人の様子を見ながら、つくっていかなきゃいけない。

その意味で、そういう肉体の鍛錬《たんれん》を、こまめにやっていくだけの「根気」と、「目的達成力」が要《い》ります。

映画「あしたのジョー」（2011年公開／原作：高森朝雄・ちばてつや／「あしたのジョー」製作委員会／東宝）

審査《しんさ》ポイント②――「人間観察力」が落ちる人は、芸能界では生き残れない

小川知子守護霊　それと同時に、その過程で、前にも話したと思いますけれども、もう一つ、「人間観察力」が落ちる人は、やっぱり芸能界では生き残れないと思います。

だから、「とにかく活字に書いてあるものを覚えれば、いい点が取れる」っていうふうな、そうした「テストの世界」ではないんですよ。いつ、どういう役が降ってくるかは分からないので。それで日ごろから、いろいろな方々の仕事や、振《ふ》る舞《ま》いとかを見てる。そして、ずーっと見て観察して、インプットして、自分がその人の立場に立ったらどういう演技をするかを考える。

いつ、どういう役が降ってくるかは
分からないので。それで日ごろから、
いろいろな方々の仕事や、振《ふ》る舞《ま》いとかを見てる。
そして、ずーっと見て観察して、インプットして、
自分がその人の立場に立ったら
どういう演技をするかを考える。

例えば、街を歩いていて、家をつくっているところに出くわし、大工《だいく》さんが屋根をつくってるとか、ペンキを塗《ぬ》ってるとか、そういうところを見たら、「そういう役が自分に回ってきたら、どういうふうに動くのかなあ」というように見るんですよ。

また、透明《とうめい》なエレベーターで上がっていくときに、外側で窓を拭《ふ》いている人がいたら、その窓を拭いてる人の表情からしぐさまで、何秒かの間にジーッと観察する。

あるいは、いいホテルのレストランに行ったら、食事を運んでくるときに、「フレンチと中華《ちゅうか》料理とイタリアンで、それを出してくる人たちのマナーが、どういうふうに違《ちが》ってくるか」みたいなこともある。

こんなの、「台本を渡《わた》されて、監督《かんとく》に指示されて、そこで初めてやれる」というのでは遅《おそ》いのであって、そういう体験をしたときにジーッと見るわけです。シェフが出てきて挨拶《あいさつ》することもあるし、ソムリエみたいな人が出てきて講釈《こうしゃく》されることもあるし、いろいろありますけど、「どんなふうな話し方をするか」、「説明の仕方をするか」、「しぐさをするか」、「目つきはどうするか」、「ほかの人への目配《めくば》りはどうするか」、「どのくらいのタイミングで食事を出してくるか」といったことがありますよね。

だから、人と食事をする体験のなかでも、単に食事をしているだけじゃなくて、「ほかの人がどういうふうに動くか」みたいなのをジーッと観察していることが、必ず、〝芸の肥《こ》やし〟になっていくんです。

こうした観察力のない方は、基本的には駄目《だめ》ですねえ。

だから、審査《しんさ》するなら、まずは外見も含《ふく》めて、体は見ます。

小田　ええ。

審査《しんさ》ポイント③——鍛《きた》えていける「意志力」はあるか

小川知子守護霊　それから、「鍛えて、やれるような『意志力』があるかどうか」と、「鍛えられるような体であるかどうか」っていうことも、ちゃんと見ます。

それは、踊《おど》らせてみても分かりますよ。みんな、何かやってますから。「バレエをやってる」とか、「ダンスをやってる」とか、いろいろ言いますから、ちょっとやらせてみれば、それは分かります。「この人は、どの程度、根気があって続けられるか」は、すぐに分かりますね。

審査ポイント④——見たものを再現する表現力

小川知子守護霊　あとは、やや理《り》不《ふ》尽《じん》に見えるかもしれないけれども、「渋《しぶ》谷《や》の交差点に立って、一日見てきなさい」と言って、それで、帰ってきたら、「今日は、どんな人を観察しましたか。どういう人を見たかということを思い出して、あなたができるかぎりの数の方を表現してみてください。どんな方が、あなたの前を通っていきましたか。思い出せるかぎりの種類の人、男性、女性、年齢《ねんれい》、着ていた服、歩く速さ、仕事は何だと思うかなど、できるかぎりの人の動き方について説明してください」と言う。「それが出てくるか、出てこないか」って、こんなのをやっぱり見てみたいですね。

これがまったく出てこないような人は駄目《だめ》です。

小田　そうですね。

小川知子守護霊　基本的に駄目です。できれば写真みたいに切り取って出せたり、絵が描けたりするぐらいまで行っていればいいですね。

小田　はい。その歩き方がまねできたりですね。

小川知子守護霊　そう、そう、そう。そういうことが、できるかどうか。やっぱりねえ、これは「動き」が入ってなければできませんよね。

小田　はい。ありがとうございます。

9 名女優たちの演技に学ぶ

「目の大きい人は、心のなかが読まれやすいから大変」

船井　お話を伺《うかが》っていても思ったことなのですが、小川さんの観察眼《かんさつがん》というものを、いつも目《ま》の当たりにさせていただいております。本当に全部見抜《みぬ》かれてしまうといいますか、「誰《だれ》にもバレていないのに、久しぶりにお会いした小川さんには、『太ったでしょう』と言われてしまう」とかですね……（笑）。

小川知子守護霊　（笑）

船井　「え?　どうして分かったんだろう」というようなことがあります（笑）。パッと見ておっしゃるので、すごいチェック力だなあと……。

小川知子守護霊　いや、それは、ちょっとまだ私が、人間が丸くなってないだけです（笑）。

船井　いえいえ（笑）。

小川知子守護霊　すみません。

船井　いや、すごい愛情だと思って、いつも伺っていたんですけれども。「反射神経並みに、一発で見て当てる」というところが、すごいと思います。

小川知子守護霊　いやあ、芸能界にいたら、体重が何キロになったかぐらいは、見てすぐ分からないと駄目《だめ》ですよ。本当に微妙《びみょう》な「筋肉の付き方」や「脂肪《しぼう》の付き方」、「しわの付き方」等がありますけれども、みんな〝商品〟をぶら下げてるようなものなので、大変です。

船井　うーん。

小川知子守護霊　私みたいに目が大きい人は、心のなかまで、みんなに見抜かれてしまうので、実は本当に大変なんです。（船井を指して）あなたみたいに目の細《ほそ》い方は、心のなかが読まれにくいので、本当は非常に助かってると思いますよ。

船井　あっ、そうですか（笑）。

小川知子守護霊　こう、目を細められたら、もう心の内は読めないから。

船井　（笑）

小川知子守護霊　目が大きい人は、考えてることが読まれてしまうんです。女優さんで主役を取ってる方には、目の大きい方が多いですけど、この目を丸ごと見られたら、心のなかまでみんな見られてしまうので。内視鏡《ないしきょう》みたいな感じで見られてしまって、それで大丈夫《だいじょうぶ》かどうかですよね。「その役になり切れているかどうか」っていうのは、いや、かなり厳しい役柄《やくがら》なんですよね。

小川知子さんが憧《あこが》れる名女優オードリー・ヘップバーン

船井　幸福の科学の女性向け雑誌「アー・ユー・ハッピー？」で、小川さんがずっと憧《あこが》れていたというオードリー・ヘップバーンに関する連載《れんさい》をした際には（二〇一一年九月・十月号参照）、二回にわたってお世話になりました。そのときに、映画「ローマの休日」でのヘップバーンの目の演技について、見どころのシーンをお教えいただきました。目だけで演技することの

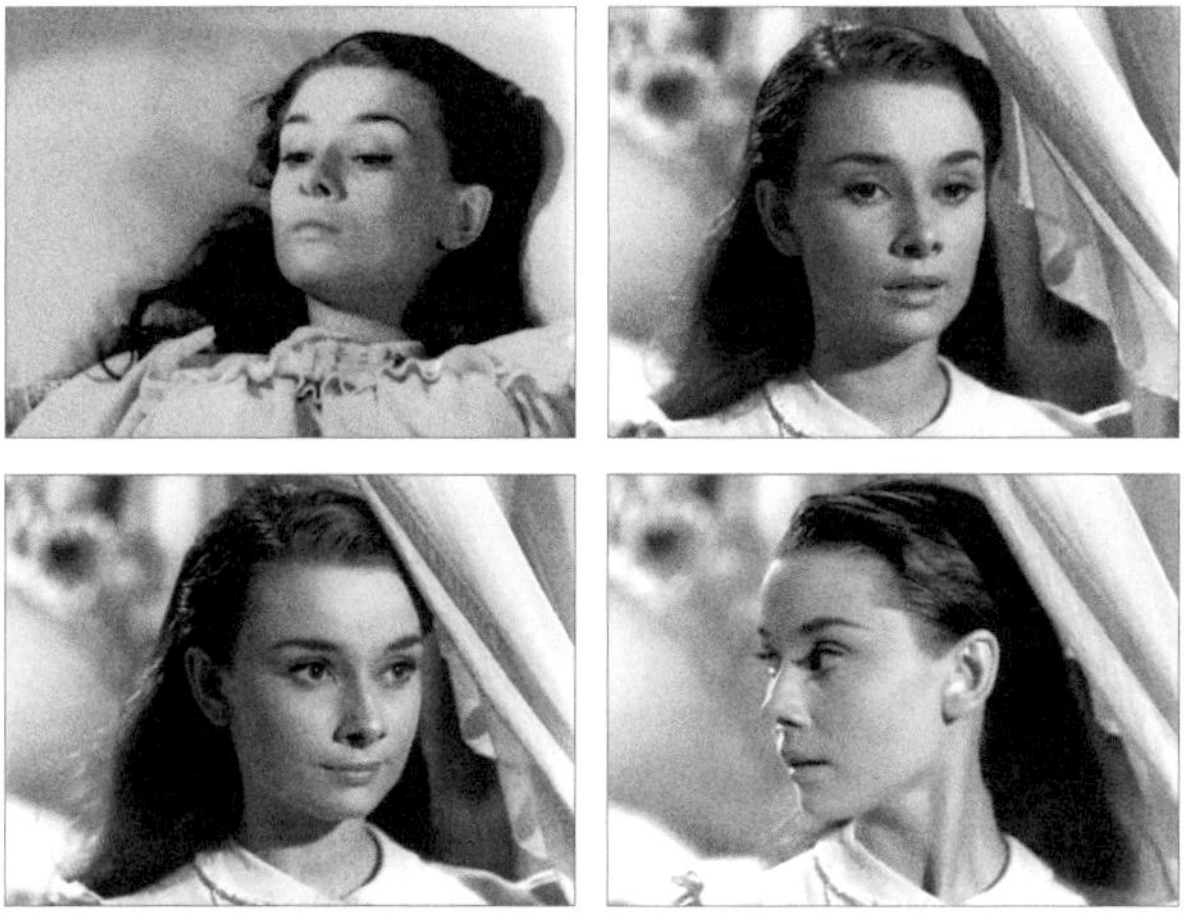

映画「ローマの休日」（1953年公開／パラマウント映画）でオードリー・ヘップバーンが演じたアン王女。ローマ滞在中、夜中に目を開け、ベッドのなかから部屋のなかを見回したあと、しばし窓際に立って街の様子を眺め、衝動的に城を抜け出すまでの王女の心の動きを、オードリーはほとんど目の動きだけで演じてみせた。

難しさについて教えていただき、そのあたりをもう一回観《み》て、「なるほど」と思ったことがございます。

小川知子守護霊　ええ、ヘップバーンは、今ね、ある方がちょっと噂《うわさ》されているので、少し言いにくいことなんですけど。

船井　そうですね。あれから何年もたって、二〇一四年十二月に録《と》られた武《たけ》井咲《いえみ》さんの守護霊霊言《れいげん》によると、小川さんは、霊界《れいかい》ではお知り合いの一人であるということでした（注。そのときの霊査《れいさ》により、女優・武井咲の直前世《ちょくぜんせ》はオードリー・ヘップバーンであることが判明している。前掲《ぜんけい》『時間よ、止まれ。――女優・武井咲とその時代――』参照）。

それで、「小川さんご本人がオードリー・ヘップバーンに憧れていて、とてもお好きでいらっしゃった」ということに、すごく納得《なっとく》がいったところがあるんですけれども、オードリー・ヘップバーンさんは、霊界でエル・カンタ－レの〝お世話〟をされた一人という……。

小川知子守護霊　いやあ（笑）、それは、もう、みんなが言うから、ちょっと気をつけないと……。「お世話」といったって、いろいろありますから、それはね。

船井　（笑）

オードリーのお話になったところで、霊界での彼女とのご縁《えん》についてお訊《き》きしたいと思います。オードリーは、武井咲さんの直前世《ちょくぜんせ》ですけれども、小川さんの守護霊様の口からも、どのようなご関係だったのかなどをお伺いできればと思うのですが。

小川知子守護霊　いやあ……。オードリーさんは、やっぱり、すごいですよねえ。「ローマの休日」で演じた、あの無垢《むく》な王女様の演技は、そう簡単にはできないですすねえ。「やれ」と言われたって、できない。本当にそのまま切り出したような、大理石を切り出したままのような演技をなされましたよね。

小田　確かにそうですね。

小川知子守護霊　あれは、役でそう簡単にできるものではないので、ほかの人では様《さま》にならないですよね。いちばんきれいだったころかもしれませんけども、うーん、すごいと思います。

いろいろな美人女優が魅《み》せた印象的な演技

小川知子守護霊　私だって、この前、大川先生が、「小川知子の研究をしている」とか言ってらしたので（笑）。古いものだけど、「金曜日の妻たちへ」を奥様《おくさま》と観ておられて、やっぱり、ご夫妻で、「小川さんは目の演技が上手だ」と言っておられたみたいで、「ああ、分かってくれた」と思って、ちょっとうれしかったのを覚えています。

目だけでも演技ができる人っていうのは、心の動きを「目」で表せるんですよね。だから、「言葉」に出さなければ心の動きを表せないようだと、もう〝二流〟なんですよ。

それで、「言葉には出さないで、心の動きを目の動きだけで表す」っていうのを、観る側が分かってくだされば、すごくいいのかなあと思っているんです。

その「目の動きだけで表す」というのは、けっこうやってますね。でも、大川先生が前におっしゃっていたのは、昔、貴乃花《たかのはな》と結婚《けっこん》報道のあった……。

小田　宮沢《みやざわ》りえさん。

小川知子守護霊　宮沢りえさんの、たぶん若いころの映画だろうと思うんですが、始まりのときには「膝《ひざ》から下しか映《うつ》ってない」っていう、着物姿で膝・・・・・から下だけをずっと映して始まるという映画が、確かあったと思うんです。それで、大川先生が、「脚《あし》を見るだけで美人だと分かる」っていうことを言っておられたんで、やっぱり、宮沢りえさんもすごいなあとは思います。脚だけを見て、美人かどうかって分かります？　なかなか分からないです

目だけでも**演技**ができる**人**っていうのは、
心の**動**きを「**目**」で表せるんですよね。
だから、「**言葉**」に**出**さなければ
心の**動**きを表せないようだと、
もう〝**一流**〟なんですよ。

よね？（膝下を指しながら）着物のここから下だけを見て、「ああ、この人は美人だ」っていうのが分かる。脚の裾《すそ》を見て、上が美人だってことまで分かるっていうのを……。やっぱり、宮沢さんはそうなんですよね。

小田　うーん。

小川知子守護霊　だから、顔を見せないで、脚で顔を見せてしまう。すごいですよね？　あるいは、指だけで見せる方もいらっしゃるし、ちょっとしたしぐさで分かってしまう方もいらっしゃる。

ヴィヴィアン・リーで言えば、コロンでうがいをして、お酒を飲んだにおいを消す（映画の）シーン

映画「風と共に去りぬ」(1939年公開／原作：マーガレット・ミッチェル／メトロ・ゴールドウィン・メイヤー)では、南北戦争期を舞台に奔放に生きた女性スカーレット・オハラ役をヴィヴィアン・リーが演じた。

とかもありましたよね（映画「風と共に去りぬ」）。ああいうのも、すっごく印象的な演技のシーンだったと思います。

まあ、（オードリー・ヘップバーンも）天真爛漫《てんしんらんまん》に振《ふ》る舞《ま》えるし、実際は、男性との浮《う》き名を流したこともあるけれども、それでも、堕落《だらく》した女性のようには見えなくて、天真爛漫な清純さがずっと残る女優さんですよね。

名女優としては、エリザベス・テイラーみたいな方もそうでしょうけども、ヘップバーンさんに比べれば、何て言うか、人生そのものはやや複雑で、影《かげ》が差していらっしゃったのかなっていう感じはするので、やっぱり、同じ「美人女優」といっても、多少、違《ちが》いがあるんじゃないかなとは思います。

10 女優・小川知子のスピリチュアルな秘密に迫《せま》る

「神が美しさを出すときに呼ばれるような位置にいたい」

小川知子守護霊　……いやあ、〝厳しいところ〟を攻《せ》めてきましたね。

大川先生のお世話をさせていただけるかどうかは、奥様《おくさま》の許可を取らないと、ちょっと分かりませんので。意外に農家の下女《げじょ》みたいな役かもしれないですので（笑）、まあ、分かりませんけども、いちおう言葉では言ってみるものだとは思っています。

神様の仕事にも、いろんな役割があるでしょうが、美しいところを見せなきゃいけない仕事もあろうと思うんですよね。荘厳《そうごん》な美しさを出さなきゃいけないところもあるので、そういうときには、やはり、女性の天使たち、女《め》神《がみ》たちがいないと様《さま》にならないところがあると思うんですよ。そういうときに、ちゃんと呼んでもらえるような位置には入っているんだろうなと思いたいです。

いや、「大奥三千人」とか、そんな単位だと、ちょっと話にならなくはなりますが、そういうのではなくて、うーん……、「十二神将《しんしょう》」の代わりに「十二女神」とかいう感じぐらいだったら、入れていただけるんじゃないかなあというふうには思ってるんですけどね。どうでしょうか。アハハッ……（笑）。

「仏法真理《ぶっぽうしんり》に触《ふ》れると胸が打ち震《ふる》える感じがある」

天雲　先ほど、「『尼寺《あまでら》が侮辱《ぶじょく》されるのは許せない』というような気持ちが湧《わ》

●十二神将　仏教における天部の神々であり、薬師如来を守護する十二体の武神。

いてくる」という趣旨《しゅし》のことをおっしゃっていましたけれども、やはり、宗教的な魂《たましい》の方でいらっしゃるのでしょうか。

小川知子守護霊　（ため息をつく）はあ……。〝厳しいところ〟へ迫《せま》ってきましたね。「生涯反省《しょうがいはんせい》」をさせられると、私だって、仏の前で「ごめんなさい」を何回も言わなきゃいけないことは、いっぱいあるかもしれないので、あんまり〝尼さん路線〟で追及《ついきゅう》されると厳しいなと。

みなさまがたのほうが、よほど精進《しょうじん》をなされていると思います。やはり、演技をしている身として、俗世《ぞくせ》に染まっている面は、そうとう多いのかなあと思いますけど。

ただ、やはり、仏法真理《ぶっぽうしんり》に触《ふ》れたりすると、胸が打ち震《ふる》える感じはすごくあるんですよね。

それと、「演技のかたち」として、いろいろ分けておられますけど、「乗り移《うつ》り型」っていうものに、私はいちおう入るんじゃないかと思うので、「できたら、そうした高級な魂が降りてこられるような役柄《やくがら》をしたいな」という気持ちを持ってはいるんです。

原作者や脚本家《きゃくほんか》は、なかなかそういうのを書いてくださらないし、この世の三次元的な描き方が多いので、そういう役柄にズバッと恵《めぐ》まれることはあまりないですけども、できたら、そういう高貴《こうき》な魂を宿せる役があればいいなあと思うことはあります。

かつて、そういう聖地みたいなところに行って、バイブレーションを感じたようなことは、そうとうありましたので、やっぱり、長い長い転生《てんしょう》のことで言えば、「仏教」と言わず、「ギリシャの神々の世界」と言わず、何か経験したように思うし、それ以前にも、いろいろ経験したようには思います。

今回は、こういう立場でやっていますけども、うーん……、厳しいですね（笑）。

天雲　（笑）分かりました。

「特に縁《えん》を感じる宇宙の星」とは

天雲　長い長い転生のお話が少し出ましたので、ここで〝異次元〟系の質問もさせていただきたいと思います。

最近、小川さんは、テレビなどでも、よく宇宙のお話をされていらっしゃるんですけれども、弊誌《へいし》「アー・ユー・ハッピー？」の取材でも、「空に郷愁《きょうしゅう》を感じる」ということを明かしてくださいました。

そこで、もし、小川さんが特にご縁《えん》を感じる宇宙の星々がございましたら、差し支《つか》えない範囲《はんい》でお教えいただけるとうれしいです。

小川知子守護霊　もう少し若いとねえ、何か出演してみたくなるんですけどねえ。うーん……。そこまで来ますか。そうですか。

天雲さんほど変わってないとは思います（注。質問者の天雲は、以前の宇宙人リーディングで、宇宙時代の魂がイセエビ型のエササニ星人であることが判明している。『宇宙人リーディング 未来予知編』〔宗教法人幸福の科学刊〕参照）。

天雲　（笑）

小川知子守護霊　そこまで変わってなくて、やっぱり「人型《ひとがた》（ヒューマノイド)」だと、私は思っていますけど。きっと人型だと思います。うーん、人型だというふうに……(笑)。

小田　(笑)

小川知子守護霊　また、変わった形の動物とかでもないと思います。人型で美女系の、ちゃんとした「観音様《かんのんさま》のルーツ(起源《きげん》)」になるような宇宙の魂だと信じています。

だから、おそらくはプレアデスが起源だろうけれども、ベガも経験している魂だと思います。

小田　なるほど。

天雲　ありがとうございます。

「女神《めがみ》の条件」を一言《ひとこと》で表すとしたら？

小田　今日の霊言《れいげん》は「女神《めがみ》の条件」というタイトルなんですけれども、最後に、もし、「女神の条件」を一言《ひとこと》で言うとしたら、どういった条件になるのでしょうか。

小川知子守護霊　「大川先生のために死ねること」だと思いますね。それが「女神」だと思います。

小田　はい！　ありがとうございました！　本当に貴重《きちょう》なお話を頂きまして、

ありがとうございます。

小川知子守護霊　どうも、拙《つたな》い話で申し訳ございませんでした。ありがとうございました。

11 小川知子さんのさらなる活躍《かつやく》を期待する

小川知子さん本人が、話の打ち返しが速い理由とは

大川隆法　（手を一回叩《たた》く）はい。よかったでしょうか。

小田　ありがとうございました。

大川隆法　どうなんでしょう（笑）。本人がいたら、どこか怒《おこ》られたでしょうか。

小田　いえいえ（笑）。

大川隆法　突《つ》っ込《こ》まれたでしょうか。

小田　本人にお観《み》せするのが楽しみです。

大川隆法　ああ、そうですか。

小田　はい。ありがとうございました。

大川隆法　（地上の）本人がいたら、もう、一生懸命《いっしょうけんめい》に話すのではないかと思って、「言わせない」ようにしたんですけれども（笑）。たぶん言われるかなど思って、それを気にしたんですけれども、どうでしたかね。（前掲《ぜんけい》『感動を与《あた》える演技論――心を揺《ゆ》さぶる感性の探究――』を手に取り）小田さんが、もう上手に出していらっしゃるから……。

小田　いえいえ。ご本人は、「小学校に上がる前は、非常に引っ込み思案《じあん》でおとなしく、すぐメソメソ泣いてしまうような性格だった」とおっしゃっているので、今日の守護霊様は、何か「控《ひか》えめ」な感じがしました。

大川隆法　うーん。

小田　今のご本人は、もう、竹を割ったような性格で、バンバンバンバンバンと、次から次へと話が展開していくようなタイプの方なんです。

それで、ご自身は、「芸能界に入って自分は改革された。メソメソ泣くような子が、いちばん荒《あら》っぽい世界に突っ込まれて、たぶん、『ここで修行《しゅぎょう》しなさい』と言われているんだと思う」というようにおっしゃっていたんですね。

大川隆法　おそらく、竹を割ったようにパンパンと行くようにするのは、一つには、そのように振《ふ》る舞《ま》うと、心の内が読まれないからでしょう。

小田　ああ……。

大川隆法　「パンパンとできる」というのは、剣道《けんどう》でたとえると腕《うで》が立つというか、相手側としては、パーンッとすぐに打ち込まれそうな感じがすると、やはり、「はっ！」となって、自分を護《まも》るほうが中心になるので、打ち込むほうの心が読めないいんですよ。

小田　うーん。

大川隆法　ですから、「パンパン！」と言われると、心が読めなくなるわけです。いちおう、それは感じていらっしゃるのではないでしょうか。

小川知子さんは〝切《き》れ味《あじ》のよさ〟が美しい「知的美人」

大川隆法　それが一つと、もう一つは、やはり「知的美人」だと思います。この人は、頭のいい人でしょう。とても頭がよくて勉強好きな人だと思うのですけれども、この世的に、「頭がよくて、よく勉強をする」というようにほめてもらう回数はあまりないんですよ。

小田　ああ……。

大川隆法　ですから、「そのあたりのところを分かってもらいたいなあ」という気持ちを、少しお持ちなのではないかと思います。

小田　はい。

大川隆法　芸能界で「頭のよさ」を見せようとしたら、やはり、判断が速くてスパスパッと言葉が出るところをお見せしたり、演技で言えば、台本を先までサーッと覚えているとかで記憶力《きおくりょく》のいいところをお見せしたり、あるいは、予習型で先取りしていて、みんなが「次は何を言うんだ？」というようになっているところを、ほかの人の分まで知っていたりすることで、出せると思うんですよね。

そういうところで、天雲さんで言う「甲羅《こうら》の部分」のように〝武装《ぶそう》〟しておられるのでしょう。ある意味での〝防具〟を持っておられるのではないかと思います。

でも、ご立派なものだし、竹を割ったように「パンパン！」と来るところが、剣道で言う「美剣士のかっこよさ」でしょうか。

小田　ええ。

大川隆法　「イェイ！」と言って、タンターンッと打ち込むような美しい感じに見えるのではないかと思います。

あれは、おそらく、〝切《き》れ味《あじ》のよさ〟が見えるから、美しく見えるんですよね。切れ味が悪いものは美しくありません。剣先《けんさき》がよく切れているように見えるから、美しく見えるのではないかと思います。そういうことは訓練されたのではないでしょうか。

小田　はい。

大川隆法　いい将来につながればよいと思います。

ある番組では、「先は短いと見込んで賃貸のマンションを選んだのか」というようなことを言われたようですけれども、どうか長く美しく頑張《がんば》っていただきたいと思います。

小田　はい。

大川隆法　「大奥《おおおく》㊙物語」の続編で主役を取ったとき、小川さんの横にいたお世話役の人は、樹木希林《ききききりん》だったのではないかと思うんですけれども、名前が違《ちが》うんですよ。おそらく、あとで変わったのでしょう。たぶん、樹木希林だと思うのですが……。

小田　当時は悠木千帆《ゆうきちほ》という芸名だったと思います。

大川隆法　どう見ても樹木希林の顔なので、そうだと

映画「続・大奥㊙物語」(1967年公開／東映)では主役・おちさに抜擢された小川知子さん。そのお世話役として樹木希林さん(当時は「悠木千帆」名)も出演していた。

思います。あちらは、今、ちゃんと「おばあちゃん役」等をして、それなりに名優ですけれどもね。
小川さんは、できるだけ、「若く」「美しく」「長く」頑張っていただきたいと思います。
では、今日はどうもありがとうございました。

小田　はい。ありがとうございました。

船井・天雲　ありがとうございました。

あとがき

一九九一年に「フライデー事件」の際、小川知子さんの戦う姿が全国に放映された後、しばらくして、おだやかな笑顔の小川さんの表情がテレビに映されると、あるコメンテーターが、「あの女優・小川知子をこんなふうに変えてしまうとは、大川隆法さんは、演出家の才能があるんじゃないですか。」と評していた。いや、しかし、この批評は正確ではあるまい。小川さんの本質に戦う女神の姿があるのである。本文中に、十二女神ぐらいには入るかも、と自己評をされているところがある。

ギリシャ神話の勝利の女神「サモトラケのニケ」しか私の頭には浮かばな

い。幸福の科学を護《まも》るため、初期の頃から、勝利の女神がいてくれたのだと思う。ギリシャに神々がたくさん活躍していた時代にも一緒だった。ネパールの宮殿では、私の前で踊っていたが、後に出家して、インドの地で一緒に教えを弘《ひろ》めましたね。

今世も私の六百回目の公開霊言を飾ってくれて「ありがとう」と、ただ一言伝えるのみである。「本当に、ありがとう。」

二〇一五年　十一月十七日

幸福《こうふく》の科学《かがく》グループ創始者兼総裁《そうししゃけんそうさい》　大川隆法《おおかわりゅうほう》

『女神の条件　女優・小川知子の守護霊が語る成功の秘密』大川隆法著作関連書籍

『愛は風の如く』全四巻（幸福の科学出版刊）
『幸福の科学大学創立者の精神を学ぶⅡ（概論）』（同右）
『美の伝道師の使命』（同右）
『時間よ、止まれ。――女優・武井咲とその時代――』（同右）
『小説家・景山民夫が見たアナザーワールド』（同右）

『女神の条件――天照大神のお導き――』（宗教法人幸福の科学刊）
※左記は書店では取り扱っておりません。最寄りの精舎・支部・拠点までお問い合わせください。
『宇宙人リーディング 未来予知編』（同右）

女神《めがみ》の条件《じょうけん》
女優《じょゆう》・小川知子《おがわともこ》の守護霊《しゅごれい》が語《かた》る成功《せいこう》の秘密《ひみつ》

2015年12月2日　初版第1刷

著　者　　大《おお》　川《かわ》　隆《りゅう》　法《ほう》

発行所　　幸福の科学出版株式会社

〒107-0052　東京都港区赤坂2丁目10番14号
TEL(03)5573-7700
http://www.irhpress.co.jp/

印刷・製本　株式会社 堀内印刷所

落丁・乱丁本はおとりかえいたします

ISBN978-4-86395-742-8 C0076

写真：時事通信フォト／EPA＝時事／Lyokoï88Ataly/Shutterstock.com／reyhan/Shutterstock.com

大川隆法 霊言シリーズ・「美しさ」の秘密に迫る

美とは何か
―小野小町の霊言―

人気女優・北川景子の過去世であり、世界三大美女に数えられる平安の歌人・小野小町が語る、世界に誇るべき「日本の美」「言霊の神秘」とは。

1,400円

女優・北川景子
人気の秘密

「知的オーラ」「一日9食でも太らない」など、美人女優・北川景子の秘密に迫る。そのスピリチュアルな人生観も明らかに。過去世は、日本が誇る絶世の美女!?

1,400円

時間よ、止まれ。
女優・武井咲とその時代

国民的美少女から超人気女優に急成長する、武井咲を徹底分析。多くの人に愛される秘訣と女優としての可能性を探る。前世はあの世界的大女優!?

1,400円

※表示価格は本体価格(税別)です。

大川隆法霊言シリーズ・プロフェッショナルに学ぶ

「イン・ザ・ヒーローの世界へ」
―俳優・唐沢寿明の守護霊トーク―

実力派人気俳優・唐沢寿明は、売れない時代をどう乗り越え、成功をつかんだのか。下積みや裏方で頑張る人に勇気を与える"唐沢流"人生論。

1,400円

俳優・香川照之のプロの演技論
スピリチュアル・インタビュー

多彩な役を演じ分ける実力派俳優が語る「演技の本質」とは？「香川ワールド」と歌舞伎の意外な関係など、誰もが知りたい「プロの流儀」に迫る。

1,400円

高倉健　男のケジメ
死後17日目、胸中を語る

ファンや関係者のために、言い残したことを伝えに帰ってきた――。日本が世界に誇る名優・高倉健が、「あの世」からケジメのメッセージ。

1,400円

大川隆法ベストセラーズ・女性の成功を考える

女性らしさの成功社会学

女性らしさを「武器」にすることは可能か

男性社会で勝ちあがるだけが、女性の幸せではない――。女性の「賢さ」とは？「あげまんの条件」とは？ あなたを幸運の女神に変える一冊。

1,500円

父と娘のハッピー対談②

新時代の「やまとなでしこ」たちへ

大川隆法　大川咲也加　共著

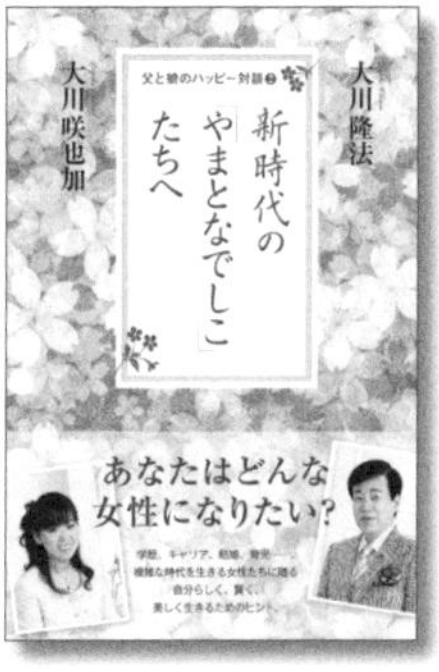

新時代の理想の女性像に思いを巡らせた父と娘の対談集・第二弾。女性らしさの大切さや、女性本来の美徳について語られる。

1,200円

女性のための「自分」のつくり方

賢く成長する秘訣

大川紫央　雲母《きらら》　共著

勉強、恋愛・結婚、就職・仕事、人間関係などをテーマに、幸福の科学総裁夫人と若手女優・雲母が対談。女性が賢く成長するためのヒントが満載！

1,300円

幸福の科学出版

大川隆法シリーズ・**最新刊**

平和学入門
元東大名誉教授・篠原一
次代へのメッセージ

「米ソ冷戦」から「中国台頭」の時代に移った今、政治理論はどうあるべきか。討議型デモクラシーはなぜ限界なのか。政治学の権威が〝最終講義〟。

1,400円

病気カルマ・リーディング
難病解明編

「胃ガン」「心と体の性の不一致」「謎の視力低下」「血液のガン」の元にあった「心のクセ」や「過去世の体験」を解明！ 健康へのヒントが満載。

1,500円

公開霊言　ルターの語る
「新しき宗教改革のビジョン」

キリスト教史を変えた「宗教改革」から500年。天上界のルターは、何を考えているのか。紛争の絶えない世界を救う、宗教のあるべき姿を語る。

1,400円

幸福の科学出版

大川隆法シリーズ・新刊

大川隆法の「鎌倉でのUFO招来体験」

日蓮を救《たす》けた
「毬《まり》」のような「光りもの」の正体は?

旅行先の鎌倉でUFOの呼び出しに成功? さらに、日蓮の処刑を止めた、「竜の口の法難」UFO伝説の真相をタイムスリップ・リーディング!

1,400円

いま、宗教に何が可能か

現代の諸問題を読み解くカギ

大川隆法　大川裕太　共著

政治、経済、歴史、教育……。従来の宗教の枠組みを超えた「現在進行形の教養宗教」の魅力を、さまざまな角度から語り合った親子対談。

1,400円

宇宙人体験リーディング

「富」「癒し」「幸せ」を運ぶ
宇宙からの訪問者

3人が体験した宇宙人接近遭遇には、友好的な宇宙人たちの存在が——。宇宙時代の扉が開かれつつある今、彼らが伝えたいメッセージとは?

1,400円

※表示価格は本体価格(税別)です。

Welcome to Happy Science!
幸福の科学グループ紹介

「一人ひとりを幸福にし、世界を明るく照らしたい」──。
その理想を目指し、
幸福の科学グループは宗教を根本《こんぽん》にしながら、
幅広い分野で活動を続けています。

宗教活動

宗教法人 幸福の科学【happy-science.jp】
- 支部活動【map.happy-science.jp（支部・精舎へのアクセス）】
- 精舎（研修施設）での研修・祈願【shoja-irh.jp】
- 学生局【03-5457-1773】
- 青年局【03-3535-3310】
- 百歳まで生きる会（シニア層対象）
- シニア・プラン21（生涯現役人生の実現）【03-6384-0778】
- 幸福結婚相談所【happy-science.jp/activity/group/happy-wedding】
- 来世幸福園（霊園）【raise-nasu.kofuku-no-kagaku.or.jp】

来世幸福セレモニー株式会社【03-6311-7286】

株式会社 Earth Innovation【earthinnovation.jp】

社会貢献

ヘレンの会（障害者の活動支援）【www.helen-hs.net】
自殺防止運動【www.withyou-hs.net】
支援活動
- 一般財団法人
「いじめから子供を守ろうネットワーク」【03-5719-2170】
- 犯罪更生者支援

国際事業

Happy Science 海外法人
【happy-science.org（英語版）】【hans.happy-science.org（中国語簡体字版）】

教育事業

学校法人 幸福の科学学園

- 中学校・高等学校（那須本校）【happy-science.ac.jp】
- 関西中学校・高等学校（関西校）【kansai.happy-science.ac.jp】

宗教教育機関

- 仏法真理塾「サクセスNo.1」（信仰教育と学業修行）【03-5750-0747】
- エンゼルプランV（未就学児信仰教育）【03-5750-0757】
- ネバー・マインド（不登校児支援）【hs-nevermind.org】
  - ユー・アー・エンゼル！運動（障害児支援）【you-are-angel.org】

高等宗教研究機関

- ハッピー・サイエンス・ユニバーシティ（HSU）

政治活動

幸福実現党【hr-party.jp】

- <機関紙>「幸福実現NEWS」
- <出版> 書籍・DVDなどの発刊

HS政経塾【hs-seikei.happy-science.jp】

出版 メディア 関連事業

幸福の科学の内部向け経典の発刊

幸福の科学の月刊小冊子【info.happy-science.jp/magazine】

幸福の科学出版株式会社【irhpress.co.jp】

- 書籍・CD・DVD・BDなどの発刊
- <映画>「UFO学園の秘密」【ufo-academy.com】ほか8作
- <オピニオン誌>「ザ・リバティ」【the-liberty.com】
- <女性誌>「アー・ユー・ハッピー？」【are-you-happy.com】
- <書店> ブックスフューチャー【booksfuture.com】
- <広告代理店> 株式会社メディア・フューチャー

メディア文化事業

- <ネット番組>「THE FACT」【youtube.com/user/theFACTtvChannel】
- <ラジオ>「天使のモーニングコール」【tenshi-call.com】

スター養成部（芸能人材の育成）【03-5793-1773】

ニュースター・プロダクション株式会社【newstar-pro.com】

幸福の科学グループの教育・人材養成事業

HSU ハッピー・サイエンス・ユニバーシティ

Happy Science University

ハッピー・サイエンス・ユニバーシティとは

ハッピー・サイエンス・ユニバーシティ(HSU)は、大川隆法総裁が設立された
「現代の松下村塾」であり、「日本発の本格私学」です。
建学の精神として「幸福の探究と新文明の創造」を掲げ、
チャレンジ精神にあふれ、新時代を切り拓く人材の輩出を目指します。

学部のご案内

人間幸福学部

人間学を学び、新時代を切り拓くリーダーとなる

経営成功学部

企業や国家の繁栄を実現する、起業家精神あふれる人材となる

未来産業学部

新文明の源流を創造するチャレンジャーとなる

未来創造学部

2016年4月開設予定

時代を変え、未来を創る主役となる

政治家やジャーナリスト、ライター、俳優・タレントなどのスター、映画監督・脚本家などのクリエーター人材を育てます。

キャンパスは東京がメインとなり、2年制の短期特進課程も新設します(4年制の1年次は千葉です)。2017年3月までは、赤坂「ユートピア活動推進館」、2017年4月より東京都江東区(東西線東陽町駅近く)の新校舎「HSU未来創造・東京キャンパス」がキャンパスとなります。

住所 〒299-4325 千葉県長生郡長生村一松丙 4427-1
TEL.0475-32-7770

幸福の科学グループの教育・人材養成事業

スター養成スクール

私たちは魂のオーラを放つ、幸福の科学オリジナルスターを目指しています。

神様の代役として、人々に愛や希望、あるいは救いを与えるのがそうしたスターやタレント達の使命なのです。

（「『時間よ、止まれ。』－女優・武井咲とその時代」より）

レッスン内容

●Power of Faith（信仰教育）　●芸能基礎レッスン（日舞、バレエ）
●演技レッスン　●ジャズダンス　●ボーカルレッスン

スター養成スクール生大募集！

小学校１年生～２５歳までのスターを目指す男女（経験不問）。
電話：03-5793-1773

NEW STAR PRODUCTION ニュースター・プロダクション

2016年3月
全国公開
予定

ニュースター・プロダクションは、世界を明るく照らす光となることを願い活動する芸能プロダクションです。2016年3月には、ニュースター・プロダクション制作映画「天使に“アイム・ファイン”」が公開予定となっています。

入会のご案内

あなたも、幸福の科学に集い、ほんとうの幸福を見つけてみませんか？

幸福の科学では、大川隆法総裁が説く仏法真理をもとに、
「どうすれば幸福になれるのか、また、
他の人を幸福にできるのか」を学び、実践しています。

入会

大川隆法総裁の教えを信じ、学ぼうとする方なら、どなたでも入会できます。入会された方には、『入会版「正心法語」』が授与されます。（入会の奉納は1,000円目安です）

ネットでも**入会**
できます。詳しくは、
下記URLへ。
happy-science.jp/joinus

三帰《さんき》誓願《せいがん》

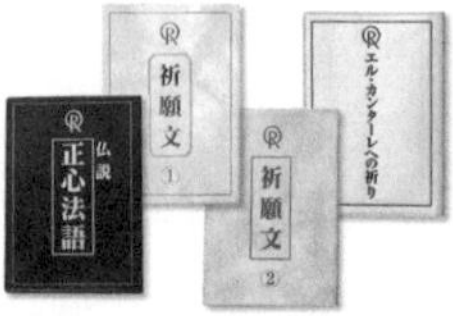

仏弟子としてさらに信仰を深めたい方は、仏・法・僧の三宝への帰依を誓う「三帰誓願式」を受けることができます。三帰誓願者には、『仏説・正心法語』『祈願文①』『祈願文②』『エル・カンターレへの祈り』が授与されます。

植福《しょくふく》の会

植福は、ユートピア建設のために、自分の富を差し出す尊い布施の行為です。布施の機会として、毎月1口1,000円からお申込みいただける、「植福の会」がございます。

「植福の会」に参加された方のうちご希望の方には、幸福の科学の小冊子（毎月1回）をお送りいたします。詳しくは、下記の電話番号までお問い合わせください。

月刊「幸福の科学」

ザ・伝道

ヤング・ブッダ

ヘルメス・エンゼルズ

INFORMATION
幸福の科学サービスセンター
TEL. 03-5793-1727（受付時間 火〜金：10〜20時／土・日・祝日：10〜18時）
宗教法人 幸福の科学 公式サイト **happy-science.jp**